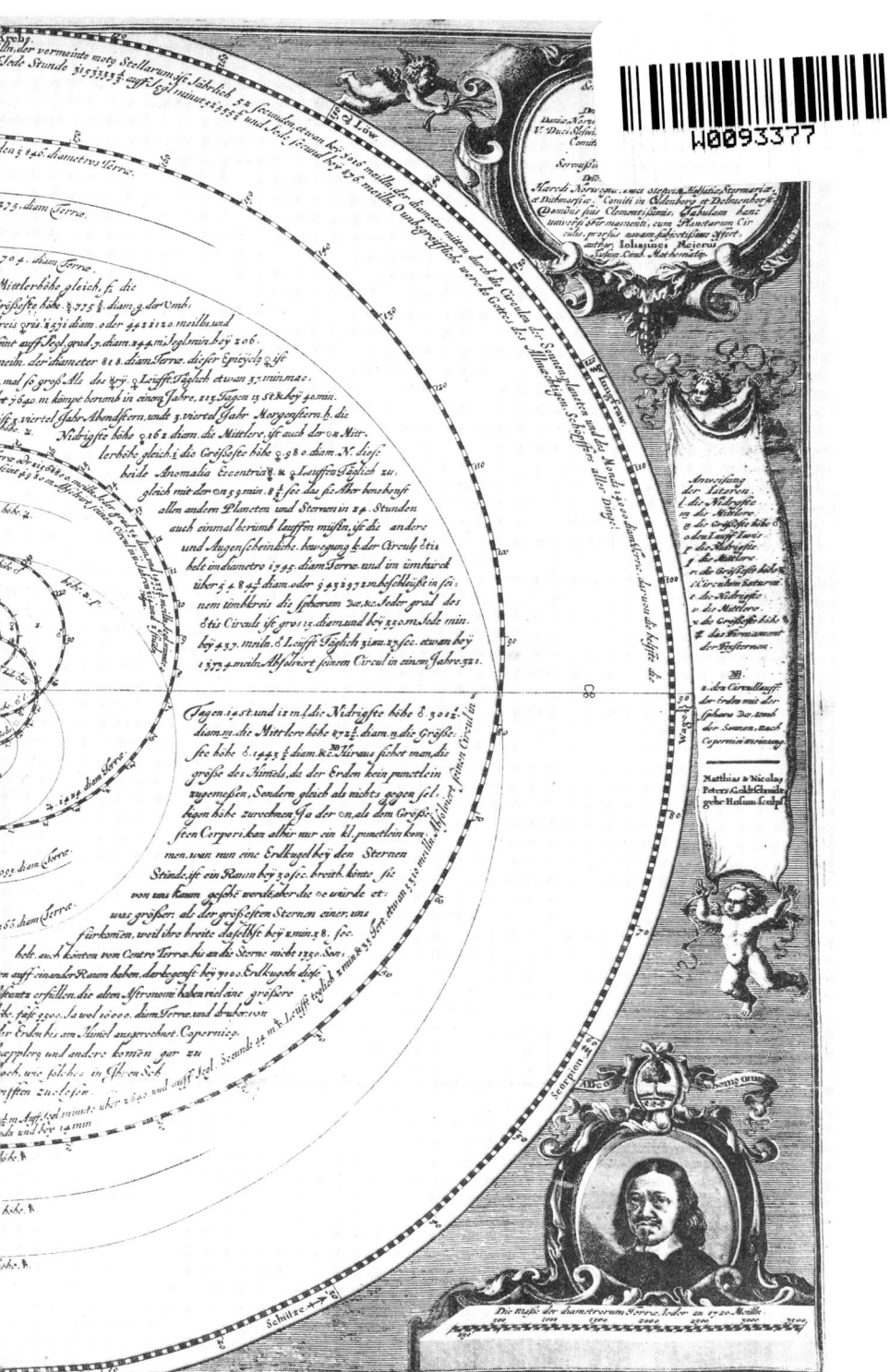

Der Gottorfer Globus Herzog Friedrichs III.

Von Ernst Schlee

Westholsteinische Verlagsanstalt
Boyens & Co., Heide

KLEINE SCHLESWIG-HOLSTEIN-BÜCHER · BAND 41

Herausgegeben von den
Provinzial-Versicherungen, Kiel

Wissenschaftlicher Betreuer: Prof. Dr. Dieter Lohmeier

Abbildungsnachweis

Eutiner Landesbibliothek: 31 – Foto Dr. Block, Koblenz: 3 – Königliche Bibliothek, Kopenhagen: 21 – Kunsthistorisches Institut der Universität Leipzig: 32 – Lomonosow-Museum, Leningrad: 14 – Nationalhistorisches Museum, Friedrichsburg: 15, 28, 29, 30 – Sammlung Schlee: 1, 11, 12, 16, 19, 26 – Schleswig-Holsteinische Landesbibliothek: 23, 27 – Schleswig-Holsteinisches Landesmuseum: 2, 4, 5, 6, 8, 9, 10, 13, 17, 18, 20, 22, 24, 25 – Schloß Rosenborg, Kopenhagen: 7
Umschlag vorne: Vgl. Abb. 10
Umschlag hinten: Der Gottorfer Globus bei seiner Restaurierung in der Leningrader Kunstkammer. Foto: A Warfolomejew, APN (Sowjetunion heute 4/1988)

Vorsatz
Weltmodell, 1651, Herzog Friedrich II. von Gottorf und König Friedrich IV. von Dänemark vom Autor Johannes Mejer aus Husum gewidmet.
Kupferstich, 47,1 × 55,2 cm, von Matthias und Nicolaus Petersen, Husum, Schleswig-Holsteinisches Landesmuseum.

ISBN 3-8042-0524-0

© Westholsteinische Verlagsanstalt Boyens & Co., Heide in Holstein 1991
Alle Rechte, auch die des auszugsweisen oder fotomechanischen Nachdrucks, vorbehalten
Herstellung: Westholsteinische Verlagsdruckerei Boyens & Co., Heide in Holstein
Printed in Germany

INHALT

Gottorfer Uhren
8

Jost Bürgis Spezialität: Globusuhren
16

Adam Olearius
20

Das Friedensfest
22

Beschreibung des Globus
27

Die Urheber des Globus
38

Wie der Globus entstand
45

Die Friedrichsburg
53

Das optische Kabinett
66

Rings um die Friedrichsburg
68

Die Kunstkammer
73

Die Sphaera Copernicana
76

Die Bibliothek
82

Die Übergabe des Globus an Peter den Großen
85

Der Globus in St. Petersburg
89

Schluß
93

Quellen und Literatur
95

1 Der Gottorfer Globus, aufgestellt in der Lübecker Gasanstalt, Juni 1946.

Was es mit dem vielgenannten Gottorfer Globus, über den immer wieder Berichte, meist ungenaue und irreführende, in Tageszeitungen und Zeitschriften verbreitet werden, auf sich hat, kann wohl keiner authentischer berichten als sein eigentlicher Urheber, der Hofgelehrte des Herzogs Friedrich III., Adam Olearius. In dem von ihm herausgegebenen Band „Hoch-Fürstliche ansehnliche Leichbegängniß", der die Beisetzung Herzog Friedrichs III. beschreibt und 1662 erschien, ist in der Predigt des Superintendenten Reinboth zum Ruhme des Toten mit einer zweifellos von Olearius selbst gelieferten Formulierung von dem Werk die Rede, das offenbar als das bemerkenswerteste seiner Aera galt. Zugleich erfährt man von einem zweiten Mechanismus, der mit dem Globus in engem Zusammenhang steht und mit diesem etwa gleichzeitig entstand: „Und weil I[hre] Fürstl[iche] Durchl[aucht] unter andern auch das Studium Mathematicum zu ihrer hohen Ergetzung sonderlich beliebet, haben sie 2 herrliche, und vielleicht dergleichen in Europa zuvor nie gesehene monumenta Mathematica; nemblich den zweyfachen grossen Globum, welcher von außen die gantze Erdkugel mit allen ihren Landschafften, Provincien und Meeren, von innen aber den Himmel mit seinen asterismis [Sternbildern], derer Auff- und Niedergang man im Globo sitzend, ordentlich observiren kan, praesentiret und die zwo künstliche Sphaeras, die eine nach des Copernici und die andere nach des Ptolomaei hypothesibus mit ihren ordentlichen Bewegungen machen und setzen lassen, so zu I. Fürstl. Durchl. hohen Gedächtniß in und bey der Fürstlichen Residentz Gottorf mit Lust anzuschauen seynd."

Diese Wunderwerke des 17. Jahrhunderts, von den Zeitgenossen bestaunt, haben nicht lange am Platz ihrer Bestimmung überlebt. In der großen kriegerischen Auseinandersetzung der nordeuropäischen Großmächte Schweden und Rußland unterlag schließlich Schweden und damit auch Gottorf, sein Trabant. Als eine Art Sieger kehrte 1713 Zar Peter der Große in Gottorf ein. Er begleitete den dänischen König Friedrich IV. Die Siegergenossen wurden darin einig, daß Peter den großen Gottorfer Globus zugesprochen bekam. Noch 1713 wurde er abtransportiert. Es ist eine weit verbreitete Kenntnis, daß er sich seitdem in St. Petersburg/Leningrad befindet. Dort können ihn Touristen im Lomonosow-Museum heute noch besichtigen, wenn die Ankündigungen zutreffen.

Was man dort heute vorfindet, ist jedoch nur noch ein Schatten dessen, was der große Gottorfer Globus an seinem ursprünglichen Platz einmal dargestellt hat. Versetzen wir ihn in Gedanken dorthin zurück und fragen nach den Zusammenhängen, aus denen er in der Mitte des 17. Jahrhunderts hervorging, und nach den Ideen, deren Repräsentant er eigentlich war.

Gottorfer Uhren

Aus der weiter unten zitierten ausführlicheren Beschreibung durch Olearius geht hervor, daß der Mechanismus, vom Wasser angetrieben, die Kugel im Laufe von 24 Stunden einmal umwälzen konnte. Globus und Weltenlauf verliefen also synchron, d. h. der Globus hatte die Funktion einer Uhr. Das bietet einen Anhalt, der Vorgeschichte dieses imposanten Mechanismus nachzugehen. Im 17. Jahrhundert war Gottorf eine bedeutende Pflegestätte des Uhrenbaus, dieser Frühform moderner Technik.

Im letzten Viertel des 16. Jahrhunderts hatte diese Ingenieurskunst in großen Teilen Europas ganz allgemein, besonders aber in Deutschland einen hohen Stand erreicht. Komplizierte Räderuhren mit zahlreichen kalendarischen und astronomischen Indikationen in kostbaren Gehäusen zu besitzen, galt geradezu als Statussymbol für die Prominenz von damals. Gewiß waren dabei die Schrittmacher die an wirklicher Astronomie interessierten Fürsten der Epoche wie Kaiser Karl V., Ott-Heinrich von der Pfalz und Landgraf Wilhelm IV. von Hessen-Kassel.

Ab 1590 sind die Jahrgänge der Gottorfer Rentekammer-Rechnungen erhalten. In diesem Jahr wurden 8 Mark 1 Schilling und 9 Pfennig an einen namentlich nicht genannten Flensburger Goldschmied für einen „silbernen Überzug" gezahlt, mit dem er „einen kleinen Seyer" (Zeiger-Uhr) bekleidet hatte, ein Jahr danach dem Magister Jacobus Benglin in Jevenstedt ein Betrag „eines Seiers halber". Dabei kann es sich um Taschenuhren gehandelt haben. Mehrfach werden Kaufleute (Kramer) in Hamburg mit der Beschaffung wohl süddeutscher Uhren betraut.

Schon Herzog Johann Adolf (1575–1616), Regent seit 1590, also ging mit Uhren um, ja, er bekundete ein besonderes Interesse an ihnen. Am 20. Juli 1605 erhielt Hans Thaler seine Bestallung als Gottorfer Hofuhrmacher. In den Jahren 1585/86 bekleidete Johann Adolf das Amt eines Erzbischofs von Bremen. Möglicherweise lernte er hier den Uhrmacher Heinrich Habrecht kennen, ein Glied der Straßburger Uhrmacherfamilie, die damals die Spitze der deutschen Uhrmacherkunst besetzte.

2 Das große Uhrwerk im Münster zu Straßburg, konstruiert von den Uhrmachern Josias und Isaak Habrecht aus Schaffhausen. Maßgeblicher Mitarbeiter war Conrad Dasypodius, zusammen mit David Wolckenstein. Mit ersterem stand der gelehrte holsteinische Edelmann Heinrich Rantzau (1526–1598) in brieflicher Verbindung. Ein verkleinertes Modell des Mittelteils der Uhr befand sich in der Gottorfer Kunstkammer bis 1757. – Kupferstich von Isaac Brun aus Straßburg, 1614.

Heinrich Habrecht wird ein Sohn des Josias Habrecht (1552–1575) gewesen sein, der in Straßburg und Kaiserswerth tätig war. Die Familienchronik berichtet, daß ihm hier, in Kaiserswerth, ein Sohn Hans Heinrich geboren wurde. Aus derselben Quelle ist zu erfahren, daß auch dieser Sohn Uhrmacher wurde. Er habe sich in Bremen niedergelassen. Erstmals 1626 wird Heinrich Habrecht in Gottorfer Archivalien genannt. Vielleicht ist also auch möglich, daß erst Herzog Friedrich III. ihn nach Gottorf berief. Zumindest aber hatte schon Herzog Johann Adolf auf seiner Kavaliersreise Straßburg und die als große Sehenswürdigkeit geltende Weltuhr des Isaac Habrecht im Münster (Abb. 1) bewundert; von Herzog Friedrich III. kann man es mit Bestimmtheit sagen.

Im Jahr 1626 hatte Heinrich Habrecht auf Gottorf „die Straßburger Uhren" zu reparieren; einen solchen Bestand gab es hier also. Was waren das für Uhren? Zumindest ein kapitales Werk ist erhalten. Mit dem übrigen Inhalt der Gottorfer Kunstkammer gelangte es 1757 nach Kopenhagen und wird dort heute im Schloß Rosenborg verwahrt (Katalog von 1975, S. 83 f.). Sie trägt die Signatur „Isaac Habrecht, Bürger und Uhrmacher zu Strasburg f.[ecit]". Ihr Aufbau ist turmartig, und auch die Menge der Indikationen machen sie der habrechtschen Uhr in Straßburg verwandt. Lange haben dänische Forscher sie mit einer Uhr identifiziert, die König Christian IV. im Jahre 1618 von einem Hans Moriz in Hamburg kaufte. Gottorfer Archivalien aber bekunden unwiderleglich die Herkunft vom Gottorfer Herzogshof. Lange nachdem die Uhr in Kopenhagen eingetroffen war, vereinnahmte sie dort der für die Königliche Kunstkammer zuständige Höfling Spengler unter Nr. 40 in seinem Zugangsverzeichnis.

Im 17. Jahrhundert war es nichts Ungewöhnliches, wenn sich Besitzer außerordentlicher Werke künstlerischer oder technischer Art damit auf Reisen begaben, um sie dem interessierten Publikum oder Fachleuten gegen Entgelt vorzuführen. Mit Vorliebe wurden Fürstenhöfe bedacht, besonders wenn es sich um Dinge handelte, denen sich das Interesse der Regierenden notorisch zuwandte. Auch Uhrmacher übernahmen eine solche Schaustellerrolle. In Anbetracht dessen ist auch sehr gut vorstellbar, daß Heinrich Habrecht die „Straßburger Uhren", die er geerbt haben mag, zunächst dem Gottorfer Hof vorführte, daß Herzog Friedrich III. „Feuer fing", sie kaufte und gleich auch den Uhrmacher zu ihrer Betreuung engagierte. Habrecht erhielt offenbar den Anspruch auf die Bezeichnung „Hofuhrmacher". Als solcher hatte er wohl allerlei Aufträgen gerecht zu werden. Die zeitgenössischen Gewehre der Gottorfer Truppen tragen die Signatur H. H., die man, wohl mit Recht, auf Heinrich Habrecht bezogen hat. Auch wurde er außerhalb der Hofsphäre tätig; so reparierte er z. B. die Normaluhr der Stadt Schleswig im Hohen Tor (1626), an deren Funktionieren der Herzog offenbar interessiert war.

3 Teil eines Uhrwerks in Wiener Privatbesitz, entstanden 1660 in Schleswig. Außer der Signatur ist erkennbar der „Kreuzschlag", das von Jost Bürgi erfundene Mittel zur Gangregulierung. Die Löwenfiguren sind zu verstehen als Bilder vom Wappen des Herzogtums Schleswig.

Mit der Einstellung eines Vertreters der führenden süddeutschen Uhrmacherkunst war ein hoher Anspruch angemeldet. In der Folge taucht auf Gottorf eine lange Kette von Uhrmachern auf. Nur wenige lassen sich mit bestimmten Werken in Verbindung bringen, und noch weniger kann man eine in ihrer Kunst aufweisbare persönliche Note oder gar eine besondere Meisterschaft erkennen. Außer notorisch Süddeutschen wie dem Augsburger (?) Michael Schneeberger und dem Südtiroler Pfaundler sind auch Einheimische dabei wie der aus Dithmarschen kommende Hans Nannen, der Husumer Thomas Jensen, der Kieler Paul Schröder, der Lübecker Nikolaus Siebenhaar und die Holländer Hanns Reggeln und Cornelis. Von Siebenhaar freilich sind bedeutende Werke überliefert. Ein hervorragend tüchtiger Meister war auch Hans Schlemmer, der Sohn eines auch für den Gottorfer Hof tätigen Schmieds.

Ein Meister von besonderem Format war Nikolaus (Klaus) Radeloff, ein Sachse und Verwandter des Adam Olearius, gewiß von diesem dem Gottorfer Hof vermittelt. Mehrere von ihm signierte und kunstvoll ausgestattete Uhrwerke sind überkommen (Abb. 3). Sie weisen ihn aus als einen, der mit den Neuerungen seiner Zeit („Kreuzschlag") vertraut war und auf der Höhe seiner Kunst stand, bis der Holländer Huygens 1657 das Pendel als Regulator des Uhrenganges erfand und damit zuvor nicht überwindbare Mängel endgültig behob. Es scheint, daß Radeloff aus der Schule des bedeutenden Jost Bürgi kam, des auch im Dienst des Kaisers Rudolf II. in Prag tätigen Meisters, der als Erfinder des Kreuzschlags gilt. Für Radeloff hatte aber auch die ältere Form des Gangregulators, das Foliot, noch Bedeutung, zumindest in seinen Anfängen; er hatte es, gewiß in seiner Jugend, als Wappenzeichen gewählt, wie eine bemalte Fensterscheibe im Schleswig-Holsteinischen Landesmuseum ausweist.

Als der Bau des Gottorfer Globus begann, 1650, muß der Gottorfer Hof als Pflegestätte des gehobenen Uhrenbaus weiten Kreisen schon geläufig gewesen sein. Weit über den eigenen Bedarf an mehr oder weniger verläßlichen Zeitanzeigern hinaus galt es, Uhren zu beschaffen – wofür?

Im Jahre 1630 heiratete Herzog Friedrich III. in Dresden die kursächsische Prinzessin Maria Elisabeth, eine Tochter des Kurfürsten Johann Georg I. Die junge Sächsin war von Haus aus an hohe Ansprüche, was die Lebenshaltung insgesamt betraf, gewöhnt, und es scheint, daß ihre besonderen Wünsche fortan die Verhältnisse am Gottorfer Hof erhöhten. Es wurden auch kostbare Uhrwerke eigens für sie beschafft, und sie sorgte dafür, daß auch ihre Kinder damit bedacht wurden. Als Maria Elisabeth 1684 in Husum starb, hinterließ sie nicht weniger als 75 Uhren, vor allem Taschen- oder an Ketten zu tragende Uhren, vermutlich alle betriebsunfähig.

Bekanntlich schickte Friedrich III. 1635 eine Gesandtschaft nach Moskau und Isfahan, um die Ausfuhr persischer Seidenstoffe nach Europa über sein Herzogtum zu ermöglichen. Der Entschluß dazu war, dem in Deutschland herrschenden Krieg zum Trotz, schon Jahre zuvor gefaßt; die Vorbereitungen liefen früh an. Dazu gehörte die Beschaffung aufwendiger Kostbarkeiten, die vornehmlich als Geschenke gedacht waren an diejenigen, die Friedrich für seine Sache gewinnen wollte. Uhrwerke hatten sich schon lange als in solchen Lagen wirksam bewährt, besonders bei den Mächtigen im Osten Europas wie in den weiter östlichen Ländern. Noch in Zedlers Universallexikon von 1735 heißt es unter dem Stichwort „Uhren-Handel": „Sonderlich aber pflegen Christliche, nach Barbarischen Oertern reisende Abgesandte viel dergleichen mit sich zu führen, um sich unterwegens, dieses oder jenes barbarischen Amtmannes oder Stadthalters Gunst, und eine desto freyere Reise, dadurch zuwege zu bringen."

Als die Gesandtschaft aufbrechen sollte, 1635, hatte Heinrich Habrecht viel zu tun mit dem sachgerechten Verpacken der Uhrwerke. Es befanden sich darunter sehr kostbare Stücke; ihr Wert wurde bis auf 1.000 Reichstaler geschätzt. Dem Schah von Persien war das kostbarste Stück zugedacht. Jedoch fiel es vorzeitig einem Schriffbruch zum Opfer, den die Expedition im Finnischen Meerbusen erlitt; die erregten Pferde zerstampften es mit den Hufen. Otto Brüggemann, das Haupt der Gesandtschaft, überreichte statt dessen „eine große messinge gantz vergüldte Liecht-Krone mit 30 Armen, so

4 Atlasfigur mit Globus, einst Aufsatz einer pyramidenförmigen Uhr, von Heinrich Habrecht auf Gottorf konstruiert, 1630. Einstmals im Schloß Gottorf, jetzt im Nationalmuseum, Kopenhagen, 2. Abteilung. Das pyramidenförmige, von herabrollenden Metallkugeln getriebene Werk ist verloren.

5 Astronomisches Uhrwerk von 1651, konstruiert wahrscheinlich von Nikolaus Siebenhaar in Lübeck, bestimmt für Herzog Johann von Schleswig-Holstein, Fürstbischof von Lübeck. Jetzt im Nationalhistorischen Museum Frederiksborg, Dänemark.

dreyfach über einander mit Bildern und silbern Laubwerk besetzt, vnd schön gezieret. Im Knopff [d. h. in der unten anhängenden Kugel] war eine Uhr, so die Stunden und Viertel schlug". Gegenstücke zu dieser bemerkenswerten Kombination von Lichterkrone und Uhr hingen in der von Friedrich III. umgebauten St. Michaelskirche in Schleswig (es war später die Normaluhr der Stadt) und in der Kirche der Deutschen Gemeinde in Kopenhagen – beide wahrscheinlich Werke von Gottorfer Uhrmachern.

Das Komitat führte noch einige weitere Uhrwerke mit, darunter eines, „dessen Gehäuse in Topas geschnitten" war. Dem Zaren Michail Fjodorowitsch wurde „ein groß Uhrwerk in Ebenholz und mit Silber beschlagen" überreicht, ferner „ein künstlich Bergewerck mit einer schlagenden Uhr, bei welchem die Historie vom verlohrenen Sohn mit beweglichen Bildern abgebildet" war. Daraus wird deutlich, daß auch Figuren-Automaten auf Gottorf geläufig waren. Der Herzog besaß mehrere derartige Werke; auch die oben genannte turmförmige „Straßburger Uhr" gehört dazu: an ihr sieht man die Heiligen Drei Könige zur Madonna wandern und sich vor ihr verneigen. – Dem Rittmeister Johann am Boden in Polen brachte jeder der ihn besuchenden Expeditionsteilnehmer „ein gut Hand Vhrlein".

Gewiß beschenkte der Herzog mit Uhren auch Verwandte, Freunde und Personen seiner Gunst, ohne daß eine Kunde davon überkommen ist. Alles in allem: der hohe Standard des Gottorfer Uhrenbaus erklärt sich nicht zuletzt aus der Vielfalt der Verwendungszwecke.

Ein sehr beachtlicher Bestand von mindestens 20 hochwertigen Uhren wurde in der Gottorfer Kunstkammer bewahrt. Hier war die Demonstration ihrer Kostbarkeit, Künstlichkeit und Schönheit Selbstzweck. Es befanden sich auch weitere Werke von Heinrich Habrecht darunter. Gottorfs Bedeutung für die Geschichte des Uhrenbaus abschließend darzustellen, bleibt eine wissenschaftliche Aufgabe der Zukunft. Dabei ist zu berücksichtigen, daß auch Friedrichs Bruder Johann, der Fürstbischof von Lübeck, die Uhrenleidenschaft teilte (Abb. 5).

In sehr markanter und prägnanter Form verdichtete sich seit dem späten Mittelalter die Vorstellung, der Hersteller der Räderuhr sei vergleichbar dem Weltenschöpfer, so daß die Welt auch als Maschine zu verstehen sei. Oder man erkennt eine dem Uhrmacher vergleichbare Autorität in der Person des Fürsten. Diese im Barock vorherrschende Ansicht galt zweifellos auch im Bereich des Gottorfer Hofes. In dieser Vorstellung steckt die Idee des absolut regierten Staates, und auch die unter regierenden wie nicht regierenden Fürsten verbreitete Leidenschaft für das Uhrenwesen – mag sie auch mindestens im gleichen Maß auf dem unmittelbaren Interesse an bedeutungsvollen Mechanismen beruhen – findet in dieser Idee ihre Rechtfertigung: fürstliche Autorität als Uhr. Herzog Friedrich III. – oder war es Christian Albrecht? – stellte eigenhändig an der Drechselbank aus Elfenbein ein Uhrwerk her. Es

6 Schloß Gottorf von Süden gesehen, 1639. Gravur auf dem Zifferblatt einer zu dieser Zeit entstandenen, auf Gottorf konstruierten Uhr. Erhalten ist nur das Zifferblatt, jetzt im Nationalmuseum, Kopenhagen. Die Uhr befand sich bis 1757 in der Gottorfer Kunstkammer.

wurde Bestandteil der Gottorfer Kunstkammer und befindet sich heute im Nationalmuseum in Kopenhagen. Die Regulierung des öffentlichen Lebens zumindest in der Stadt Schleswig lag im Interesse der Gottorfer Herzöge. Sie ließen es wohl aus diesem Grunde zu, daß der Rat der Stadt den an den Hof berufenen sächsischen Uhrmacher Klaus Radeloff beauftragte, die im Hohen Tor angebrachte Normaluhr zu reparieren. Es wurde schon erwähnt, daß Heinrich Habrecht dasselbe getan hatte. Als Friedrich 1643 die Michaeliskirche umbauen, d. h. erweitern ließ, wird er auch die künftige Normaluhr der Stadt, eine Lichterkrone mit angehängter Kugeluhr, dorthin gestiftet haben. Über die hochbedeutsamen Zusammenhänge zwischen dem frühneuzeitlichen Uhrenwesen und dem Herrschaftsdenken der Zeit gibt neuerdings das Buch Otto Mayrs, Uhrwerk und Waage. Autorität, Freiheit und technische Systeme in der frühen Neuzeit, München 1987, überraschende Auskünfte.

Jost Bürgis Spezialität: Globusuhren

Indessen hat die Vorgeschichte des Gottorfer Globus weiter verbreitete Wurzeln. Etwa seit der Mitte des 16. Jahrhunderts richteten sich die Interessen der Globenmacher allgemein – außer auf die Genauigkeit des Kartenbildes nach neuestem Stand der Kenntnis und die Solidität der Arbeit insgesamt – auf Größe des Durchmessers und auf Antrieb durch ein Uhrwerk. In der Folge kamen Globusuhren zustande in Lyon 1560 und 1565, in Kassel 1561 und 1575, in Nürnberg 1570, in Straßburg 1572 und 1574, in Wien 1579. Augsburg wurde dann die Hauptpflegestätte für diese spezielle Kombination. Johann Reinhold d. Ä. (um 1550–1596) stellte hier, zusammen mit Georg Roll (um 1546–1592), mehrere stattliche Globusuhren her; sie stehen heute in Greenwich, Paris, London, Dresden und Neapel.

Für die deutsche Uhrenbaukunst war es das goldene Zeitalter. Bildende Künstler beteiligten sich an der Ausgestaltung der Uhrengehäuse wie der figürlichen Beigaben. Nach antikem Vorbild lud man die zur Uhr gehörende Weltkugel gern auf die Schultern einer Figur des Riesen Atlas (Abb. 4), der nach antiker Vorstellung die Welt trug, oder auch einer Herkulesfigur. Und damit klingt die Verbindung an, welche die Gestalt des Krafthelden Herkules und der als Uhr zu verstehende Gottorfer Globus im Globus- oder Herkulesgarten von Neuwerk eingingen.

Nach Hans v. Bertele hat man in den Globusuhren insgesamt Modelle zu sehen, spekulative Arrangements für das Verständnis des um den Menschen herum bestehenden Universums. Genau das sollte auch und erst recht der Gottorfer Globus bedeuten. Was ihn von den genannten Vorformen abhebt, ist die Größe, mit welcher er alle anderen bis dahin entstandenen Globen übertraf und die es ermöglichte, die Anschauung des Universums „um den Menschen herum" vom Inneren der Kugel her tatsächlich zu erfahren. Das heißt: Was den Gottorfer Globus vor allem auszeichnet, ist seine Betretbarkeit.

Der Ruf Herzog Friedrichs III. als Förderer von Wissenschaft und Kunst übertönt im allgemeinen den seines Vaters Johann Adolf (1575–1616). Es ist zu überprüfen, ob es dabei bleiben kann. Ludwig Andresen, dem wertvolle Forschungen zur Gottorfer Kulturgeschichte zu verdanken sind, spricht von einem „starken Sinn für die Förderung geistiger Werte", der sich am Hof Johann Adolfs geltend gemacht habe. „Das war der Persönlichkeit des

7 Armillarsphäre mit Uhrwerk, 17. Jahrhundert, Schloß Rosenborg, Kopenhagen.

Herzogs, dessen geistige Bedeutung die Mit- und Nachwelt mit Recht und gebührend anerkannt hat, zu danken. Auch in dem erhaltenen Schrifttum spürt man die Hochachtung der Hofleute vor seiner geistigen Überlegenheit". Der Grund dafür wird nicht zuletzt darin gelegen haben, daß bei der Besetzung der Hofämter der einheimische Adel mehr und mehr in Nachteil geriet; in wachsendem Maße wurden Fremde, besonders auch akademisch gebildete Bürgerliche berufen.

Herzog Adolf (1526–1586), Herzog Johann Adolfs Vater, stand von Jugend auf in enger Verbindung zum Hof Kaiser Karls V., eines notorischen Uhrenliebhabers. Er heiratete 1564 Christine, eine Tochter des Landgrafen Philipps des Weisen von Hessen. Christines Bruder war Landgraf Wilhelm IV. (1532–1592). Dieser entwickelte sich zu einer überragenden Gelehrten-Persönlichkeit und zum Förderer der Astronomie. An seinem Hof wirkten führende Fachleute auch der Zeitmessung, d. h. des Uhrenbaus, allen voran der aus der Schweiz stammende Mechaniker Jost Bürgi. Dieser war am 25. 7. 1579 an den Hof in Kassel berufen worden.

Zeitlebens wahrte Wilhelm einen engen Kontakt zu seiner Schwester Christine und muß sich insbesondere nach Adolfs Tod (1586) für die Erziehung bzw. das Schicksal ihrer Söhne mitverantwortlich gefühlt haben. So erklärt es sich, daß der seit Adolfs Heirat spürbare hessische Einfluß auf den Gottorfer Hof ein volles Halbjahrhundert lang fortwirkte. Im Oktober 1588 bat er seine Schwester, den Sohn Philipp, der seinem Vater gefolgt war, vom übermäßigen Trunk und von der Geselligkeit mit den Räten des Hofes abzuhalten. Es sind Briefe bewahrt, aus denen ein ausgesprochenes Interesse Wilhelms auch an der Erziehung von Philipps älterem, inzwischen verstorbenen Bruder Friedrich hervorgeht. Gewiß lag ihm das Ergehen des dritten Bruders, Johann Adolf, der dann 1590 Herzog wurde, nicht weniger am Herzen. Und es erscheint als sehr wahrscheinlich, daß er seine Neffen auch an seinen wissenschaftlichen Neigungen teilhaben ließ.

Gewiß wurden die Verbindungen nach Hessen verstärkt durch mancherlei persönliche Beziehungen. Heidenreich von Boeneburg (1559–1612) z. B. paßt sehr gut in das Bild. Als Sohn eines hessischen Rats und Amtmanns 1559 geboren, studierte er in Straßburg und Marburg, hielt sich jahrelang in Frankreich und Italien auf und wurde 1582 Hofjunker am Hof Wilhelms von Hessen. Dort lernte ihn Prinz Johann Adolf kennen. Als dieser als Erzbischof in Bremen residierte, machte er ihn zum Hofmeister. Später reiste Boeneburg mit dem jüngeren Bruder Johann Adolfs und vierten Sohn von Wilhelms Schwester, dem Prinzen Johann Friedrich, als dessen Hofmeister nach Kassel und Italien. Nach seiner Rückkehr ernannte ihn Herzog Johann Adolf zum Gottorfer Hofrat und Hofmarschall (15. 10. 1598). Dies blieb er bis einige Jahre vor seinem Tod. Bezüglich des Interesses für das Uhrenwesen besagt der Werdegang dieses Mannes nichts. Aber wie er vermittelten viele andere zwischen den Höfen. Auch z. B. Egidius von der Lancken könnte eine Vermittlerrolle gespielt haben.

Der Kasseler Landgrafenhof verfügte damals über die fortschrittlichste Einrichtung der Sternenkunde in Deutschland. Unter Christoph Rothmanns Anleitung entwickelte sich hier Bürgi zum Fachmann des Sternemessens und der damit unverbrüchlich verbundenen Mathematik. Seine besondere Aufgabe war die Konstruktion besserer Beobachtungsinstrumente und Uhren. Bei der Sternenbeobachtung bediente man sich nun auch der zeitlichen Dimension. Eine gewisse Rolle spielten dabei die Aufenthalte des Landmessers und ehemaligen Schweinehirten Nikolaus Reimarus Ursus aus Dithmarschen, vermutlich eines einstigen Gottorfer Untertanen also, auf der Kasseler landgräflichen Sternwarte.

Was uns vor allem interessiert, sind Bürgis Globen, die er mit Uhrwerksantrieb versah. 1582 stellte er zwei Himmelsgloben her; sie sind verloren. Aus den folgenden Jahren sind fünf weitere erhalten, 1594 entstand das Exemplar, das technisch wohl am ausgefeiltesten ist.

„Die Herstellung von uhrwerkgetriebenen Himmelsgloben war in der Mitte des 16. Jahrhunderts in Mode gekommen, wohl durch das damals stark zunehmende Interesse an astronomischen Vorgängen im allgemeinen, weil ein im gleichen Rhythmus mit dem Uhrlauf sich bewegendes mechanisches Modell die Vorstellung der Vorgänge sehr erleichtert" (H. v. Bertele 1980). Schon die beiden von Baldewein, einem Vorgänger Bürgis, hergestellten Planetenuhren tragen als Bekrönung je einen Himmelsglobus. „Außerdem hat Baldewein 1575 einen großen, für sich allein stehenden Himmelsglobus hergestellt, der als erster dieser Art durch ein im Inneren des Globus befindliches Uhrwerk betrieben wurde" (Bertele 1980).

Offenbar gewann der Geist Jost Bürgis starken Einfluß auf die auf Gottorf obwaltenden Interessen. Hans von Bertele, der hervorragende Kenner der Uhren-Geschichte, hat das noch nicht erkannt und weiß daher die von Gottorf nach Kopenhagen gelangten Uhren dieser Frühzeit nicht richtig zu bestimmen. Daß sich Bürgis Einfluß auf Gottorf geltend machte, geht aus der Tatsache hervor, daß auch Nikolaus Radeloff den „Kreuzschlag" in seine Uhren einbaute, als dessen Erfinder Bürgi gilt. Man hat darunter eine Hemmung zu verstehen, bei der zwei gegeneinander arbeitende Unruh-Arme für Gleichförmigkeit des Taktes sorgen (Abb. 3) – ein wesentlicher Fortschritt gegenüber der älteren Form, dem Foliot. Hans v. Bertele, der dieser Einrichtung eingehende Studien gewidmet hat, nennt sie „bahnbrechend in Richtung zur Präzisions-Sekundenmessung, von der beim Verfolgen der Sterne so sehr viel abhängt".

Kann die Herleitung des Gottorfer Globus von aus Kassel kommenden Anregungen überzeugen, so bleibt er doch, was die kleinen, den Gang des Werkes dem Sonnenlauf anpassenden Vorkehrungen betrifft, hinter Bürgis

Werken zurück. Der Gottorfer Globus konnte, soweit sich heute noch erkennen läßt, einen Anspruch auf kalendergerechte Genauigkeit nicht erheben. Überhaupt war er gewiß nicht gebaut, um das volle Jahr hindurch die geltende Zeit oder den Stand der Sterne möglichst exakt anzuzeigen. Schon die Leistungsfähigkeit des ihn betreibenden Baches dürfte nur während einer kurzen Zeit die Umdrehung ermöglicht haben.

Adam Olearius

Herzog Friedrich III. hegte große Neigung zu wissenschaftlicher Betätigung, auch zum Uhrenbau. In der Person des Adam Olearius (1599–1671) fand er den für die Pflege solcher Interessen erwünschten klugen, gebildeten und vielseitig wissenden Mann. Er bewog ihn zum Bleiben auf Gottorf. In den späten 1630er und in den 1640er Jahren müssen dann in gemeinsamen Bemühungen die Pläne gereift sein, die nach 1650 Wirklichkeit wurden.

Adam Olearius (Abb. 8) wurde 1599 als Sohn des Schneiders Adam Öhlschlegel in Aschersleben/Anhalt geboren. Die kleinen Verhältnisse der Eltern ließen den Beginn eines Bildungsweges zunächst nicht zu; freundliche Gönner und tüchtige Lehrer verhalfen zum Besuch höherer Schulen. 1624 erreichte Olearius die Würde eines Baccalaureus der Leipziger Universität und wurde im Jahr darauf auch Magister. Damit scheint sein Werdegang an der Universität abgeschlossen zu sein. Danach begegnet er als Konrektor der Nikolai-Schule in Leipzig; doch hatte er als solcher sein Auskommen nicht. Er schlug sich schlecht und recht mit allerlei Unterricht durch. 1632 wurde er Assessor an der philosophischen Fakultät und alsbald Kollegiat des kleinen Fürstenkollegs, eines Konvikts von Hochschullehrern und Studenten. Dies Amt bekleidete er bis zum Sommer 1633; es war offenbar wieder nichts Ganzes für ihn. Er betätigte sich mannigfaltig als Literat unter anderen Literaten, die später als Glückwunsch-Skribenten in seinen Büchern wiederbegegnen.

Als dann Leipzig vom Krieg überzogen wurde, im August 1633, folgte Olearius dem Ruf Herzog Friedrichs III., der ihm den Dienst als Sekretär der Expeditionen anbot, die von Gottorf nach Moskau und Persien aufbrechen sollten.

Friedrich versuchte sich in weltweiter Handelspolitik. Nun sollte der Handel mit persischer Seide, dem kostbarsten der bekannten Stoffe, über das Territorium des Gottorfer Herzogtums gelenkt werden; davon versprach er sich beträchtlichen Gewinn. Das Ziel erwies sich schließlich als unerreichbar. Der eigentliche Ertrag des riesigen Unternehmens bestand in der Reisebeschreibung, die 1647 in erster und 1656 in zweiter, wesentlich erweiterter

8 Porträt Adam Olearius, radiert von August John, 1647. Aus der ersten Auflage der „Moscowitischen und Persianischen Reisebeschreibung".

Auflage in Schleswig erschien. Olearius, den der Herzog nach der Rückkehr von der Expedition 1639 in Gottorf gehalten und zum Hofmathematiker ernannt hatte, erwies sich darin als wahrer Polyhistor. Als vielseitiger Autor einer frühen Aufklärung erschloß er umsichtig für das damalige Europa Länder und Kulturen, die dem abendländischen Bewußtsein noch sehr fern gestanden hatten. Als Gesandtschaftssekretär sammelte er Beobachtungen für die auf Gottorf sich regenden Interessen, für welche später Bibliothek, Kunstkammer und nicht zuletzt der Globus dastehen sollten.

Nach den Anweisungen des Danziger Astronomen Johannes Hevelius hatte sich Olearius eigenhändig ein astronomisches Fernrohr hergestellt. Daran war gewiß der an den Gottorfer Hof berufene sächsische Glasschneider Paul Schindler nicht unbeteiligt. In Persien führte Olearius ein selbstkonstruiertes, wohl aus Metall gefertigtes Astrolabium mit sich. Zudem hatte er in seiner Heimat das Zeichnen als Mittel sachlicher Erläuterung und Demonstration bei dem Maler August John erlernt. Auch verstand er sich auf die graphischen Techniken Holzschnitt und Radierung; er nutzte sie als Illustrator der von ihm herausgegebenen Bücher. Olearius schrieb lateinische und deutsche Gedichte, setzte sich für die deutsche Sprache ein und wurde zum Mitglied der Fruchtbringenden Gesellschaft erwählt, die sich besonders für die Geltung der deutschen Sprache in Dichtung und Publizistik einsetzte. Seine bedeutendste Leistung als Hofmathematiker wurde die Planung und Überwachung der Ausführung des Gottorfer Globus, die nach dem Ende des Dreißigjährigen Krieges begann.

Das Friedensfest

Als im Jahr 1648 der Westfälische Friede geschlossen war, bekam Melchior Pförtner, der „die erste eigentliche Nachricht des im heiligen Römischen Reiche getroffenen Friedenschlusses" nach Gottorf brachte, „zur Verehrung 5 Reichsthaler" entrichtet. Das Honorar läßt rückschließen auf die Erleichterung, die man auch hier empfand. Wirkliche Friedenszustände aber ließen noch auf sich warten. Das Herzogtum Holstein war in das Quartiergebiet für die Abmusterung der schwedischen Kriegsvölker einbezogen worden. Noch im Oktober 1649 lagen die ungebetenen Gäste im Lande; es mußten „Satisfaktionsgelder" zu ihrer Abfindung aufgebracht werden; auch die Einquartierung brachte eine schwere Last. Dennoch hielt der auf Gottorf residierende Herzog Friedrich III. (Abb. 10) die Zeit für gekommen, den Frieden auch gebührend zu feiern. Der Hof beging ein großes „Friedens-Dankfest". Friedrich III. begann, seine Töchter zu verheiraten. Am 19. September 1649 fand auf Gottorf die Hochzeit der ältesten Tochter Sophie Auguste mit

9 Kupferstich von Christian Rothgießer im „Kartell" für das 1649 auf Gottorf veranstaltete Friedensfest. Schauspiel und Ballett stellten, wie der Stich, Krieg (links von der Glücksgöttin) und Frieden (rechts) dar. Das einzig bekannte Exemplar auf Glücksburg.

Johann von Anhalt-Zerbst statt, „mit großer Solennitet", wie Adam Olearius als Chronist berichtet. Der König und die Königin von Dänemark waren die höchststehenden Gäste, die „mit allerhand Lust, als vielerley Arten Feuerwercken, Ringrennen, Turniren, Auffzügen, Balletten, Comoedien und dergleichen auff so hohen Fürstl[ichen] Festiviteten üblichen Ergetzlichkeiten biß in den zehenten Tag bewirthet worden". Das Fest des Beilagers wurde verknüft mit einer Feier des endlich wiedererlangten Friedens und dazu noch mit der Taufe des von der persischen Expedition nach Gottorf mitgebrachten Persers Hakwirdi und seines Sohnes. Als besondere Veranstaltung erwähnt Olearius „ein herrlich Ballet", „in welchem Glück und Unglück, Laster und Tugend, Krieg und Friede sampt ihren Früchten abgebildet wurde". Dafür hatte er das Programm oder, wie man sagte, das „Cartell", verfaßt. Auf das Blatt wurde auch ein Kupferstich von Christian Rothgießer gedruckt. Davon ist ein Exemplar im Schloß Glücksburg erhalten geblieben.

Der Kupferstich (Abb. 9) zeigt den Gegensatz zwischen den wohltätigen Kräften des Friedens und den zerstörenden des Krieges. Fortuna beherrscht die Szene. Die Kugel, auf der sie, ein geblähtes Segel haltend, schwebt, bildet die Spitze einer Pyramide angeketteter Kugeln, deren jede auf der linken Seite, zur Seite des Krieges hin, mit einer Frucht des Krieges, wie Laster, Haß und Geiz bezeichnet ist, auf der rechten mit einer Frucht des Friedens wie Liebe, Tugend und Reichtum. Auf der Seite des Friedens sieht man im Vordergrund einen Herrn mit einer Dame auf seinem Schoß schäkern – eine Anspielung auf das Brautpaar des Tages? Weiter hinten erfreut sich ein Paar am Anblick eines Ringeltanzes. Herrschaften spenden Krüppeln Almosen. Im Hintergrund wird der Prospekt einer offenbar blühenden Stadt hinter sicherem Festungswall sichtbar. Links vom Monument der Fortuna herrschen die Schrecken des Krieges: ein Gerippe, Tote und Hilflose, Raub und Mord, Kampf und Verfolgung, im Hintergrund eine brennende Stadt. Als rahmende Motive links eine mächtig rauchende Ruine, rechts ein belaubter Baum. – Szenisch und tänzerisch wird dies Programm aufgeführt worden sein, gewiß mit dem Aufgebot von viel Musik. Der begleitende Text gibt in gedrängter Form den gedanklichen Ablauf wieder.

Einen anderen Aspekt auf das Fest eröffnet ein großes Bild des zum Hofmaler ernannten Jürgen Ovens. Als ein Depositum des Stockholmer Nationalmuseums hängt es im Höchsten Gerichtshof ebendort. Es wirkt wie ein politisches Programm des Kleinstaats Schleswig-Holstein-Gottorf, genauer: wie ein Angebot an die deutschen (und nicht allein die deutschen) Fürstenhöfe: Seht die stolze Schar meiner Töchter, scheint Herzog Friedrich zu sagen, der in der linken Bildhälfte herrscherlich trohnt. Seine Frau, Maria Elisabeth, die Tochter des Kurfürsten Johann Georg von Sachsen, steht hoch aufgerichtet neben ihm, und zur Bildmitte hin entfaltet sich die Reihe der Töchter, die ältesten in phantastischen Kostümen, die vermutlich zu einer der

10 Porträt des Herzogs Friedrich III. von Schleswig-Holstein-Gottorf vor dem Globusgarten bei dem Schloß Gottorf. Öl auf Kupfer, 17 × 16 cm, zweite Hälfte der 1650er Jahre. Schleswig-Holsteinisches Landesmuseum, Schleswig, Schloß Gottorf.

Aufführungen gehören. Zur Rechten des Fürsten drängen sich zurückhaltender die Söhne. Den Hintergrund bildet links eine pompöse Draperie und rechts ein Blick in die Landschaft, aus der eine Statue und in der Ferne das Schloß Gottorf auftaucht. Huldigende Putten schwärmen im Himmel und tummeln sich zu Füßen der Familie. Mag das Bild auch 1652 datiert sein – seine Idee wurzelt im Friedensfest von 1649.

Den folgenschwersten Schritt in Friedrichs Heiratspolitik bedeutete die Vermählung der Tochter Hedwig Eleonora mit König Karl X. Gustav von Schweden 1654. Diese Liaison hatte zur Folge, daß am Gottorfer Hof eine stark von der Großmacht Schweden bestimmte Aera heraufzog und den aus deutschen Fürstentümern wie Hessen und Sachsen kommenden Einfluß entschieden zurückdrängte. Vorerst aber herrschte noch der sächsische Einfluß vor.

Offenbar war das Friedensfest, wie es ähnlich in anderen deutschen Residenzen gefeiert wurde, gedacht als Auftakt einer an Segnungen des Friedens reichen Zeit. Es ist gut vorstellbar, daß die Pläne dafür auf Gottorf längst bereitlagen und auf Verwirklichung warteten. So erhielt Friedrich III. das schon lange zuvor erbetene Privileg zur Gründung einer Universität am 26. April 1652 von Kaiser Ferdinand III. unterzeichnet. Praktische, weniger kostspielige Zurüstungen waren schon 1640 angelaufen, so der Bau des Dammes, der das Gelände nördlich von Schloßinsel und Burgsee erschloß und damit die Voraussetzung erfüllte für die geplante Parkanlage in welcher das Gehäuse für den großen Globus errichtet werden sollte.

Friedrich III. war offenbar der geborene Planer. Er verzichtete auf umfassende und repräsentative Bauunternehmungen auf der Schloßinsel selbst und konzentrierte die beschränkte Leistungskraft seines kleinen Fürstentums auf die Realisierung von Ideen, die seiner Residenz das Ansehen eintragen konnten, sie komme den Residenzen anderer deutscher Kleinstaaten durchaus gleich. Die Einsicht, daß mit der 1652 erteilten kaiserlichen Genehmigung zur Universitäts-Gründung das weitgesteckte Ziel seiner Planungen markiert wurde, hat sich bedauerlicherweise noch nicht durchgesetzt. Es muß immer wieder hervorgehoben werden, daß die Gründung einer kostspieligen Hochschule an einem anderen Ort, in Kiel, wie dann später, unter Herzog Christian Albrecht, wirklich geschehen, unabhängig von den Gottorfer Einrichtungen (wie Bibliothek, Kunstkammer, Botanischer Garten, Zoologische Sammlung, Druckerei), ursprünglich unmöglich geplant gewesen sein kann. Einerlei, wie diese immer noch offene Frage zu beantworten ist, – der Globus erscheint als eine Art Bekrönung alles dessen, was Friedrich III. und sein Hofgelehrter Adam Olearius in den 1650er Jahren in Angriff nahmen.

Beschreibung des Globus

Die „Erfindung" des Gottorfer Globus, besser: seine Idee, fiel in jene Zeitspanne zwischen Keplers Tod (1630) und der von Leibniz angeregten Gründung der Berliner Akademie der Wissenschaften, in welcher die gelehrte Welt Deutschlands zur Expansion naturwissenschaftlicher Erkenntnisse nur sporadisch beigetragen hat. „Die in Italien, England und Frankreich in Akademien versammelten Gelehrten entdeckten die Gesetzlichkeit der Natur, veröffentlichen in ihrer Muttersprache, was eine Demokratisierung des Wissens in diesen Ländern zur Folge hatte, in eigens gegründeten Journalen ihre experimentellen Versuche, Entdeckungen, Verbesserungen an Instrumenten" (Klaus Maurice). Dahinter stand das vom Dreißigjährigen Krieg gebeutelte Deutschland weit zurück, und auch Adam Olearius steht mit seinen wissenschaftlichen Bemühungen vereinzelt da.

Das „Jahrhundert der Entdeckungen", das 17., bereicherte vornehmlich die Kenntnis ferner Länder und der Erdoberfläche allgemein. Immer weniger konnte der herkömmliche Globus als verläßlicher Träger des Landkartenbildes gelten, wenn man diesem neue geographische Erkenntnisse anvertrauen wollte. Zwar erstellte man Globen von immer größerem Durchmesser und zeichnete Landkarten von immer größeren Maßen für die Wand. Doch machte sich immer stärker das Bedürfnis nach Atlanten geltend, d. h. nach Zusammenstellungen planer Projektionen, Teilkartenbildern in Buchform, und um so bedeutender wurde die Frage nach der anzuwendenden Projektionsform. An Unternehmungen dieser Art war insbesondere das Holland des 17. Jahrhunderts reich. Auch als Orientierungsmittel verloren Globen die Bedeutung, die sie einmal gehabt haben mögen. Es blieb ihnen der Vorzug, vom Ganzen der Erde als Kugel eine Vorstellung zu vermitteln. Um diese anschauliche Vorstellung war es auch Olearius zu tun.

Eine ganz andere Sache war der Himmelsglobus als Summe aller Fixsterne, die in der Vorstellung doch nur als auf eine *Kugel*fläche projiziert zu denken ist. Die herkömmliche Form des Himmelsglobus zeigt diese Sphäre von außen und die einzelnen Sternbilder spiegelbildlich. Um den daraus sich ergebenden Schwierigkeiten zu entgehen, ersann Olearius den *von innen* zu betrachtenden Sternenhimmel mit der seitengerechten Darstellung der Stern-

Nächste Seite: 11 Die Sphaera Copernicana. Armillarglobus des Kopernikanischen Weltbildes, daraufgesetzt eine entsprechende Sphäre nach dem Ptolomäischen Weltbild, erbaut auf Gottorf von Andreas Bösch. Das im Fuß verborgene Uhrwerk von Hans Schlemmer, Schleswig, 1659. Jetzt im Nationalhistorischen Museum Frederiksborg, Dänemark.

29

bilder. Die Begehbarkeit der Kugel sollte es ermöglichen, daß eine kleine Gruppe interessierter Personen die Sterne um sich herum sollte kreisen sehen. Damit war die vom heutigen Planetarium geleistete Veranschaulichung vorweggenommen, wenn auch in sehr bescheidener Form.

Aber ebenso sollte auch die Oberfläche als Außenhaut der Kugel von der Vergrößerung des Umfangs profitieren. Vermutlich bedeutete der Gottorfer Globus den letzten Versuch, das Kartenbild der Zeit nach dem neuesten Stand des Wissens verläßlich, d. h. auch: ohne Verzerrung durch Projektion auf die Fläche, anschaulich darzustellen (Abb. 1 u. 12).

Als Olearius 1656 die erweiterte Ausgabe seines Reiseberichts, die „Vermehrte Moscowitische und Persianische Reisebeschreibung", erscheinen ließ, nutzte er die Gelegenheit, der gelehrten Welt auch vom Gottorfer Globus zu berichten. Er schrieb: „In vnterweisung der Astronomia hatten sie [die Perser] weder Sphaeram armillarem [Weltmodell mit den Planetenbahnen] noch Globum [Erdmodell]. Darumb es jhnen sehr verwunderlich vorkam, daß sie bey mir einen wolformierten Globum sahen. Als ich fragte, ob sie nicht dergleichen hätten, sagten sie nein. Vor alten Zeiten wäre ein großer und künstlicher Felek (so nennen sie den Globum) in Persien gewesen, aber durch den Türcken Krieg umbkommen. Ich vermute, daß es der müsse gewesen seyn, welchen der Persische König Sapor sol gehabt haben, so von Glaß ist bereitet gewesen, in dessen Centro man hat sitzen können." Olearius zitiert dann den Bericht des Cardanus über diesen Globus und fährt fort: „Dieser des Sapors Globus hat doch müssen von etlichen Stücken Glaß zusammen gesatzt vnd zerbrechlich gewesen seyn, ist auch nicht viel größer gewesen, als daß eine Person im Centro hat sitzen können. Aber daß ich hierbey eines andern vnd viel köstlichern Globi gedencke: Ihr Fürstl. D[urchlaucht] Hertzog Friederich zu Schleswig-Holstein, mein gnädigster Herr, hat jetzund allhier bey der Residentz [Gottorf] einen doppelten Globum von Kupffer verfertigen lassen, dessen diameter eilffte halb Fuß [= ca. 3 m], vnd können im Concavo zehen Personen geraum umb einen runden Tisch, welcher neben der Banck an der Axis hanget, sitzen, vnd die Gestirne, wie auch die Sonne, aus ihrem eignen Centro lauffend, vnd nach den gradib[us] Eclipticae sich selbst verschiebend, auff vnd nieder gehen sehen, vermittels eines jnnerlichen Horizonts, von außen ist die Erdkugel mit jhren Ländern, Städten, Strömen und Seen verzeichnet. Desselbiges Globi Bewegung geschiehet nach der Bewegung des Himmels, durch künstliche grosse Räder, welche von einer vom Berge lauffenden Wasserquelle nach gewisser Maß getrieben werden."

Vorige Seite: 12 Der Gottorfer Globus, Blick in die Einstiegöffnung. Sichtbar ist ein Ausschnitt aus der mit figürlichen Sternbildern bemalten Innenseite, wie sie sich heute darbietet.

Als diese Zeilen geschrieben wurden, befand sich der Globus noch in Arbeit. Sonst könnte es verwundern, daß sich Olearius, welcher der geistige Urheber und zudem ein fleißiger Bücherschreiber war, auf so kurze Bemerkungen über den Globus, sein Hauptwerk, beschränkte. 1663, als die Arbeiten im wesentlichen abgeschlossen waren, gab er dann in seinem „Kurtzen Begriff einer Holsteinischen Chronic" eine ausführliche Beschreibung. Dort heißt es, Ihre Fürstliche Durchlaucht, Herzog Friedrich III., habe „zwey köstliche, dergleichen wol zuvor in Europa nie gesehene Monumenta Mathematica auß eigener Invention unter der Inspection Ihres HoffMathematici A[dam] O[learius]" errichten lassen (Abb. 11 u. 12), darunter an erster Stelle „hinter dem Residentz Hause im Lust-Garten (das neue Werck genant) einen zweyfachen grossen Globum von Kupffer mit weisser festen Materie überzogen, dessen Diameter [= Durchmesser] 11 Fuß, praesentiret von aussen die Geographiam des gantzen Erdkreises, und von innen den Himmel mit allen bekanten Sternen, von vergüldeten Silber in schöne Figuren verfasset. Im Globo an der Axi hanget ein runder Tisch, so mit einer Banck umbgeben, auff welcher 10 Personen gemachlich sitzen, und den Auff- und Niedergang der Asterismorum [= Gestirne] mit Lust sehen können, das Centrum des Globis ist mit einem absonderlichen [= besonderen] vergüldeten Globo terrestri [= Erdglobus] umgeben.

Dieses Werck wird von dem Wasser, welches auß einem, neben dem darzu erbaueten Lusthause gelegenen Berge, entspringenden Brunquelle, continuirlich und heuffig fleust, so getrieben, daß er nach des Himmels Lauff seine Bewegung und Umbgang in den behördlichen 24 Stunden haben kan. Worbey sonderlich diß rare Kun[st]stück zu finden, daß die Sonne (von einer wol geschnittenen Crystalle) nicht ex centro Mundi [= aus dem Mittelpunkt der Erde heraus], sondern auß ihren eigenen Centro in motu secundo [= aus ihrem eigenen Mittelpunkt heraus in unabhängiger Bewegung] ihren täglichen fortgang und jährlichen revolution [= Umlauf] mit der Himmels Sonne ebenmäßig haben kan. Man kan auch, wenn man wil, im Globo sitzend, das schwere Corpus mit einem Finger gar leicht durch Fortel [= mit Hilfe] des Archimedis Schraube, ohn Ende umbdrehen" (S. 369 f.).

In der Vorrede zu seinem Buch über die „Gottorfische Kunstkammer" von 1666 stellte Olearius eine besondere Veröffentlichung über den großen Globus und dessen Gegenstück, die Sphaera Copernicana, ein Modell des kopernikanischen Weltbilds (Abb. 11), in Aussicht. Eine solche Schrift ist indessen nicht mehr erschienen. Auch bildliche Darstellungen, wie sie Olearius seinen wissenschaftlichen Werken beizugeben pflegte, sind vom Globus nicht überliefert. In den Jahren, in denen der große Globus an seinem ursprünglichen Bestimmungsort, nämlich in der Friedrichsburg im Park Neuwerk nördlich des Schlosses Gottorf in Schleswig stand, das heißt bis zum Jahr 1713, wie in der Zeit bis zu seiner Verbrennung in St. Petersburg, das heißt bis 1747, erschienen, verstreut in der Literatur, noch etliche auf ihn bezügliche Notizen, darunter auch solche, die weitere Einzelheiten seiner Einrichtung in Ergänzung der zitierten Beschreibung beitragen. Manche gehen offenbar auf nur flüchtige Eindrücke zurück, wurden aus ungenauer Erinnerung notiert oder beruhen gar auf Mißverständnis. Wollte man sie systematisch sammeln, was durchaus sinnvoll wäre, dürfte man die schwer zugänglichen westeuropäischen Periodika aus der Zeit bis zur Mitte des 18. Jahrhunderts nicht übergehen. Der Globus hatte Aufsehen erweckt und erfuhr Erwähnung auch in den Standardwerken der an Weltbeschreibung so sehr interessierten Zeit.

Es folgt eine kleine Auswahl derartiger Ergänzungen. In den Jahren 1683 bis 1691 erschien in Hamburg das Werk „Größte Denkwürdigkeiten der Welt oder sogen. Relationes Curiosae" (fünf Teile in fünf Bänden), in dessen zweitem Band über den Gottorfer Globus in einem besonderen Kapitel berichtet wird. Darin schreibt der Verfasser E. W. Happel: Andere Globen „sind Poppen- und Kinderwerck, wann man dagegen hält denjenigen überauß raren, kostbahren und grossen Globum, welcher zu Gottorff auff dem prächtigen Fürstlichen, ja Königlichen Lustgarten, den man wegen des älteren, so an der Schley gelegen, das neue Werk nennet, in dem untersten herrlich erbaueten steinernen Hause, sehen kann". Als Veranlasser seiner Entstehung wird dann fälschlich Friedrich IV., der derzeitige Herzog, genannt. Happel war selbst an Ort und Stelle, besuchte Gottorf mehrfach und war auch in den Globus eingestiegen. Er schreibt weiter: „Inwendig ist ein runder Tisch, welcher sampt der runden Banck an der Axi fest sitzet, und können umb diesen Tisch, so wie ich ihn selber gemessen, wohl elff Persohnen mitten in dem Globo sitzen. Die Axis ist gleichfalls von Kupffer und so dick, als ein Mannes Bein bey den Waden. Inwendig sind alle Astra und Himmels-Bilder, wie auch alle Circuli Coelestes gantz richtig verzeichnet, daß es demnach ein unbeschreibliches Contentement ist vor einen curieusen Menschen, wann er mitten in diesem Globo am Tische sitzet, sampt allen Sternen und Planeten [Irrtum!], so wohl in ihrem primo als secundo motu, vermittelst einiger durch Wasser, welches vom Berge herab schiesset, getriebenen künstlichen Räder, ordentlich mit dem rechten Himmel herumb treiben siehet. – Außwendig auff diesem Globo sind die Theile der Welt, und was sonsten auf einem Globo terrestri kan requiriret werden, gantz genau abgezeichnet, und mit schönen Farben erleuchtet. Auff dem grossen Horizont ist eine schöne Gallerie, auf welcher man herum gehen, und den Globus wohl und eigentlich besehen kan. – Ich kann nicht wissen, was an dieser weltberühmten machina anitzo mangelt, daß sie nicht umläufft, so lange und offt ich sie gesehen, ist sie stille gestanden."

Auf diese zuletzt vorgebrachte Frage ist näher einzugehen; denn sie betrifft die eingangs ausgesprochene Behauptung, der Globus habe die Eigenschaft einer Uhr, vollziehe seine Bewegung also stetig in Übereinstimmung mit der Welt. In der Tat gehörte dies zum Konzept des Olearius; er hat es selbst niedergeschrieben: „Desselbiges Globi Bewegung geschiehet nach der Bewegung des Himmels." Indessen ergibt sich daraus keineswegs die Forderung, die Kugel müsse sich ständig wie die Erde drehen. Vielmehr: wenn man den Wasserantrieb einschaltete, dann nahm die Kugel die der Welt entsprechende Bewegung auf. Man hätte einen ganzen Tag im Globus verbringen müssen, um dies Tempo zu „erleben". Und in der Nacht hätte man dort nichts anderes imitiert sehen können, als was sich bei sternklarem Himmel jedermann im Freien darbietet. Es ist daher nicht daran zu zweifeln, daß Olearius vor allem auf die verdeutlichende Demonstration mit beschleunigtem Tempo Wert legte, den weltkonformen Umlauf aber als Vergleichsmöglichkeit miteinbaute, auch um zu zeigen, wie sich more geometrico konstruieren ließ, was die Welt im Ganzen bewegt. Bedeutsamer war es seiner Meinung nach wohl, daß sich die den Kosmos bedeutende Kugel mit einem Finger um die Insassen herum bewegen ließ, und zwar schneller als das Vorbild der Wirklichkeit. Überließ man den Mechanismus sich selbst und schaltete man die Wasserkraft ein, gewann der Globus, sofern er richtig eingestellt war, die Eigenschaft einer Uhr zurück.

Eine weitere Besonderheit in Happels Bericht: Er erwähnt die Planeten als im Globus dargestellt. Die Berichte des Olearius hingegen erwähnen sie nicht. Ich komme zu dem Ergebnis: Im großen Globus waren die Planeten allein durch die Erde vertreten, im übrigen aber ausgespart. Man wird auf die Sphaera Copernicana verwiesen, in welcher sie voll zu ihrem Recht kommen. Man hätte sich im Innern der Kugel nicht frei bewegen können, wenn die Planetenbahnen sachgerecht berücksichtigt worden wären.

Hinfort bis 1713, dem Jahr des Abtransports nach Rußland, sind Äußerungen in der Literatur über den Globus, die zur genaueren Kenntnis beitragen, selten oder nicht vorhanden. Namentlich die Bemerkungen in des Olearius eigenem Reisewerk brachten es zustande, daß die große Welt der Wissenschaft in so gut wie ganz Europa Kenntnis vom Gottorfer Globus erhielt. Auch spätere Konstrukteure großer und größter Globen wie der Nürnberger Erhard Weigel und der Ravennate Pater Vincenzo Maria Coronelli kannten die Existenz des Gottorfer Globus und ihn selbst, soweit die Literatur über ihn Auskunft gab. Er gelangte früh in die enzyklopädischen Nachschlagewerke; eines schrieb vom anderen ab. Lese- und Schreibfehler blieben nicht aus; und so geschah es, daß aus Gottorf „Gollery" wurde und scheinbar zwei Globen bestanden, der Gottorfsche und der Gollerysche. Selbst der große „Meyer" blieb vor diesem Irrtum nicht bewahrt.

Nach dem Abtransport nach St. Petersburg blieb doch auch an Ort und Stelle, in der Stadt Schleswig, die Erinnerung bewahrt. Der Chronist des Ortes, Ulrich Petersen († 1735), zeichnete sie gewissenhaft und umständlich

Aller Practicken vnnd
Pronosticken Großvater/ ꝛc.

In mir findſtu/ ſag ich dir frey/ guten grund der Aſtronomey/
Das macht/ ich bin im Vogelhauß/ da alle Gecken fliehen auß.

Ob ich ſchon grob
vnd dölpiſch binn/
So kenn ich doch
meins herzen ſinn.

Mein lieber M. Doct. Grill/ wolt jr nit brauchen ſchir die Brli?
Nein/ nein/ halt nur ein wenig ſtill/ deſi ich zuuor was ſagen will:

auf. Seine Nachrichten vom Globus sind eingeschlossen in die Beschreibung des Neuwerks, weswegen noch mehrfach auf seine Schilderung Bezug genommen werden muß.

Zu dem von „feinem polirten und doppelt zusammen gefügten Kupfer ausgearbeiteten" Globus weiß er zu berichten, er sei versehen gewesen „mit einem starken aus schönen polirten Messing auff 34 Fueß umbringenden [lies: umringenden] Aequatore, mit behörigen Gradibus, specialen Eintheilungen". In § 13 schildert er das Innere: „Die innere Seyte dieser Kugel praesentiret inwendig den ganzen Himmels-Lauff, an Sonn, Mond, Planeten [Irrtum!], allen himlischen Zeichen und übrigen Gestirn, groß und klein, unter welchen die größesten und fürnehmsten von feinem Silber gemacht, die kleinern aber zur Distinction vergüldet und ihrer natürl. Disposition und Ordnung, Weite und Breite durch die vier Theile des Himmels in gehörigen Gradibus und Circulis coelestibus rangiret und gestellet waren."

Im § 14 seines Textes geht er auf den „manieristischen" Zug der Kugel-Idee (vgl. Abb. 13) ein: „An dieser ungemeinen ruhmwürdigen Machine verspürete man ein verkehrtes, doch vollkommenes Werck, da das oberst zu unterst, und das unterste zu oberst gekehret und verändert war. Denn da sonsten der natürl. Himmel mit seinem Firmament die Erdkugel in seinem Schoße heget, geht dieses Kunst-Stück wider die Natur, in dem diese Welt-Kugel den Himmel und dessen bestirntes Firmament binnen in sich schließt, als wenn verkehrter Art der Kern die Nußschale und die innerlichen Theile des Cörpers die Haut umbgeben wolten. Es scheinet aber, daß die Sphaera oder der Himmels-Lauff zur Sicherheit der vielen silbernen Sterne einwerts gekehret und der Kreyß der Welt auswerts gestellet worden, weil die meisten Spectatores beßer in diesem irdischen Theatro als in dem entfernten Gewölbe der unzehlbaren Sternen-Schaar bewandert sind."

Sachlich neue Einzelheiten trägt Friedrich Wilhelm von Bergholz bei, der als holsteinischer Kammerjunker in Rußland von 1721 bis 1725 Tagebuch führte. Am 6.9.1721 sah er den Globus in einer noch vorläufigen Unterkunft. Seine Zuverlässigkeit steht jedoch in Frage, wenn er schreibt, ein in Sachsen geborener, lange Zeit in Schleswig ansässig gewesener Schneider habe den Globus nach St. Petersburg gebracht und führe noch die Aufsicht über ihn, womit der in Holland geborene Globusmeister, Zimmermann und Müller Dehio gemeint ist. Andererseits nähme man ihm gern die Nachricht ab, der noch zu erwähnende Mechaniker Andreas Bösch stamme aus Lüttich.

13 Titelseite eines Flugblatts, zweite Hälfte des 16. Jahrhunderts. Der Holzschnitt verdeutlicht den (vom Gottorfer Globus erfüllten) Wunsch der Zeit, das Modell der Welt, der Situation des Menschen entsprechend, von innen zu sehen.

Auch andere von ihm berichtete Einzelheiten stehen im Zwielicht, so diejenige, die Außenhaut bestehe aus Papier, „welches auf Kupfer lieget", und darauf sei die Karte ebenso wie das Himmelsbild des Inneren „mit der Feder gerissen und illuminirt", das heißt eingefärbt. Es liegt aber der Beleg dafür vor, daß es Leinen war, womit der Globus überzogen war; und damit verträgt sich auch die Feder als Zeichenwerkzeug nicht. Zweifellos hat sich der Maler Johannes Müller des Pinsels bedient. Bergholz berichtet weiter, der mit der Weltachse fest verbundene, unbewegliche kleine Erdglobus aus poliertem Kupfer trage ein ihm „eingegrabenes", d. h. eingraviertes Kartenbild: „... Inwendig steigt man hinein und findet einen Tisch, um welchen rund herum Bänke gehen, auf welche sich unserer zehn setzten. Unter dem Tisch ist ein Uhrwerk, welches der Schneider der mit uns am Tische saß, bewegte, worauf sowohl die innere Himmelskugel sowie die äußere Erdkugel sich um unsere Köpfe herum langsam drehete, und zwar um die Achse, welche von dickem polierten Kupfer ist und mitten durch die Kugel und den Tisch gehet, an welchem wir saßen. Um diese Achse ist in der Mitte des Tisches wieder ein kleiner Erdglobus von poliertem Kupfer, auf welchem die Erdkugel sauber eingetragen ist, und um diese kleine Erdkugel, welche unbeweglich ist, geht die große inwendige Himmelskugel herum. Der Tisch formieret wieder für diese kleine Erdkugel den Horizont; auf eben diesem Tisch dreht sich auch zu gleicher Zeit ein meßingener Cirkel mit der ganzen Maschine herum, dessen Absicht mir unbekannt geblieben. Die Bank um den Tisch herum macht mit ihren Lehnen ein messingener Zirkel, auf welchem der Horizont der inwendigen großen Himmelskugel abgetheilet ist...".
Danach bestand die Schleswiger Einrichtung im wesentlichen auch in St. Petersburg fort. Nur das „Uhrwerk unter dem Tisch", das nun die Umdrehung bewirkte, kann in Rußland neu eingebaut worden sein.

Wollte man in den Globus einsteigen, so mußte eine etwa quadratische, mit dem Wappen des Herzogs und seiner Gemahlin bemalte Klappe (Abb. 14), die im Südseebereich der äußeren Landkarte ausgeschnitten war, herausgenommen werden. Über ein paar außerhalb des Globus angesetzte Stufen konnte man sich in gebückter Haltung festen Stand auf einer dem Innern eingelegten Bodenplatte verschaffen. Es wird eine einfache Bretterlage gewesen sein, waagerecht und mit der Achse fest verbunden. Sie verdeckte die untere Kalotte des Inneren, von deren Sternenbesatz ohnehin kaum Kenntnis bestand. Eigenes Licht hatte die Kugel innen nicht. Vorgesehen waren zwei Kerzen; ihr Standort wird nicht genauer bezeichnet. Ihr Licht spiegelte sich in den Facetten der Stifte, welche die Sterne bedeuteten, kleine und größere, goldene und silberne. Möglicherweise waren andere auch bloß aus Messing.

Eine völlig klare Vorstellung vom Inneren des Globus zu gewinnen, war wohl nur in der originalen Kugel und an Ort und Stelle möglich. Die wichtigsten Gegebenheiten des Gottorfer Zustandes sind jedoch klar. Im

Zentrum hatte eine die Erde bedeutende Metallkugel ihren Platz. Sie war mit der Achse, welche durch sie hindurchging, fest verbunden. Die aus Eisen bestehende Achse war etwa fünf Zoll dick (wie sich nach dem Brand von 1747 herausstellte). Aber sie war ummantelt von den in den Rechnungen mehrfach genannten Hülsen, welche es ermöglichten, daß Umdrehungen verschiedener Geschwindigkeit gleichzeitig stattfinden konnten. Diese bestanden aus Messing oder Kupfer und waren blank poliert. Es braucht kaum erwähnt zu werden, daß die Achse geneigt war, der geographischen Höhe Schleswigs entsprechend, ein Umstand, der in St. Petersburg unpassend war und nach dem Brand verändert werden mußte.

Um die Erde kreiste die ebenfalls kugelförmige Sonne, „secundo motu" (auf eigener Bahn), wie Olearius schreibt. Sie bestand aus einem „wol geschnittenen Crystalle". Vermittels eines Gestänges muß sie mit einer der Hülsen der Achse verbunden gewesen sein. Den Schliff des Kristalls dürfte der aus Sachsen an den Gottorfer Hof berufene Glasschneider Paul Schindler ausgeführt haben, den man sonst nur als Hersteller künstlerischer Glasschneidearbeiten kennt. Für die Erde bildete der in der Mitte kreisförmig ausgeschnittene Tisch den Horizont. Die Tischplatte kann also nur aus einer Art Ring bestanden haben. Rings um die Tischplatte war die bis zu 12 Personen fassende Bank angebracht. Zu ihr gehörte eine an ihr befestigte Lehne. Sie bestand in einer umlaufenden hochkant stehenden Leiste, vermutlich aus Metall. Sie stellte zugleich den Horizont der Sonne dar und war mit den Sternkreiszeichen, dem Zodiakus, bezeichnet, vermutlich in Gravuren von Otto Koch. Gewiß war die Höchstzahl der gleichzeitig Sitzenden nur erreichbar, wenn eine gewisse vergröbernde Schematisierung obwaltete.

War die Bank im Innern voll besetzt, so dürfte die Wahrnehmung der Drehung optisch stark eingeschränkt gewesen sein. Die Oberkörper der Sitzenden fingen das Kerzenlicht ab, so daß nur die Kalotte oberhalb der Köpfe die Sterne aufleuchten ließ. Aber hat denn Olearius überhaupt an volle Besetzung des Globus gedacht? Kann es nicht sein, daß er selbst die Zahl derer, die er fassen kann, nur nennt, um von der Größe eine Vorstellung zu vermitteln?

An wen als mögliche Globusbesucher war denn überhaupt gedacht? Für die höfischen, z. T. sehr kostbaren Schaustücke der frühen Neuzeit, auch die technisch-mechanischen, gilt dasselbe: In hohem Maße dienten sie der Repräsentation der Fürsten, galten als Maßstab für seine Ansprüche sowohl an den Luxus wie an die Bildung. Beachtet wurden sie in erster Linie von der Hofgesellschaft und von gelehrten Konsortien, von einzelnen Liebhabern. Olearius mag darüber hinaus mit Interesse gerechnet haben auch etwa bei Studenten. Das zur Werbung für die Kieler Universität veröffentlichte Buch, Caeso Gramms „Chilonium novus Holsatiae Parnassus" von 1665 sieht den Höhepunkt des Sehenswerten in der Umgebung Kiels im Gottorfer Globus,

„dessen Schönheit zu bewundern Gramm kaum Worte genug findet" (Haseloff). Danach darf man annehmen, daß durchaus Bereitschaft bestand, zumindest „curieuse" Menschen als Besucher zuzulassen, das heißt ernsthafte, bildungsbemühte. So darf man auch die von pädagogischem Interesse zeugenden einleitenden Sätze in dem Kunstkammer-Buch des Olearius verstehen:

„Wenn ein kluger Vater oder fleissiger Praeceptor seinen Kindern und Schülern etwas in Wissenschafft beybringen und sie lehren wil, thut ers nicht nur mit dem Munde, sondern auch mit der Feder, schreibet und mahlet ihnen vor allerhand Figuren und Abbildunge, und wil durch das kleine was grosses andeuten und zu verstehen geben. So thut ein Mathematicus und Geometra. Ein Astronomus zeiget auff einen kleinen HandGlobo celesti die Beschaffenheit des grossen Himmels mit allen seinen sichtbaren Cörpern, da ein Punct einen grossen Stern bedeutet. Imgleichen auch ein Geographus bildet auff einer kleinen Erdkugel oder Globo terrestri ab den gantzen Kreiß der Erden, mit allen Landschafften, Seen und Strömen, da auch ein Punct eine Stadt, eine Linie einen Strom, und ein Platz eines Daumens breit eine gantze breite See abbilden muß.

Eben auff solche Art handelt unser allgemeiner Vater im Himmel und klugester Lehrmeister Gott der HErr mit seinen Kindern und Schülern. Dann er uns neben seinem geoffenbarten Worte das grosse Wunderbuch die Welt mit den zwey grossen Blettern nemlich Himmel und Erden vorgeschrieben, daß wir darinne studiren und dadurch etwas grössers erkennen lernen sollen, nemlich, ihn den Schöpfer selbst, seine Majestät und Allmacht..."

Die Urheber des Globus

In Caspar Danckwerths „Newer Landesbeschreibung der zwey Herzogthümer Schleswich und Holstein", deren Titelblatt die Jahreszahl 1652 trägt, ist von den Einrichtungen die Rede, die Herzog Friedrich III. auf Gottorf getroffen hat, auch vom „Newen Werck". Es heißt dort: „Insonderheit aber haben Ihr. Fürstl. Durchl. in dem verwichenen Jahre einen newen Baw daselbst aufführen, das platte Tach oder den Altan oben mit Kupfer decken, einen Thurm daran bawen, und mit einer Gallerey umbschliessen lassen, also, daß man von demselben, wie auch aus den Gemächern darunter, das gantze Lustwerck übersehen kan. ... Es wird aber für allen dieses Newe Werck zieren, ein rares, und vielleicht nie vorhin gesehenes Mathematisches Werck, nemblich ein kunstreicher und sehr grosser Globus, dessen Diameter 11 Schuch ist, so vom Wasser getrieben, also in motu perpetuo seyn, und den Lauff des Himmels einwendig, auswendig aber die Erdkugel mit allen

Landschafften stetig vorbilden und erweisen wird." Das Haus näherte sich also bereits der Vollendung, während der Globus selbst noch im Bau war.

Im Jahr 1658 spätestens mußte die Arbeit am Globus unterbrochen werden, und im Jahr darauf starb Friedrich III. Da sich in der Globus-Inschrift sein Nachfolger Christian Albrecht 1664 als den Vollender nennt, muß man annehmen, daß noch Wesentliches zu tun geblieben war. Indessen spricht der Superintendant Reinboth bei der Beisetzung Friedrichs im Schleswiger Dom 1661 vom Globus wie von einem fertigen Werk (vgl. das Zitat S. 7). Reinboth muß diesen Passus aus unmittelbarer Kenntnis der Objekte formuliert haben. Olearius war der Herausgeber des Buches, das die Leichenpredigt enthält. Auch er also gewährleistet die Richtigkeit der Äußerung. Es ist darin auch von dem zweiten Globus, der Sphaera Copernicana, die Rede, der gleichzeitig entstand und mit dem großen Globus in engem Sinnzusammenhang vorzustellen ist.

Der Schriftsteller Wilhelm Ernst Tentzel (Tenzelius) überliefert in seinem 1691 erschienenen Buch „Monatliche Unterredungen Einiger Guten Freunde Von Allerhand Büchern und andern annehmlichen Geschichten" eine Inschrift des Globus, die seine Urheber mit ihren unterschiedlichen Aufgaben nennt. Wo ihr Platz an der Kugel war, ist jedoch nicht bekannt. Die Inschrift hat folgenden Wortlaut:

„In honorem DEI, / Coeli Terraque Architecti, / Admirandi hoc Opus, / Naturae Macrocosmi aemulum, / Serenissimus ac Celsissimus Princeps ac Dominus, / DN. *Fridericus* / Haeres Regni Norwegiae, Dux Slesvici, / Holsatiae, Stormariae & Dithmarsiae, / Comes in Oldenburg & Delmenhorst, / Ex singulari in studia Mathematica, / Quorum peritissimus erat, amore / adornare voluit. Quo simul / Æternum famae suae non intermoriturae / Monumentum posuit. / Coeptum An. 1654. & Bello Danico-Svecico / interruptum perficere curavit / Serenissimus Filius Christianus Albertus / An. 1664 / Directore Adamo Oleario, / Fabricatore And. Busch. Limpurgensi, / Scriptoribus Christiano & Andrea Rothgiseris / Fratribus Husumensibus."

Hans Braunschweig übersetzte ins Deutsche: „Zur Ehre Gottes des Baumeisters Himmels und der Erde hat dieses wunderbare Bauwerk als Abbild der Wirklichkeit des Weltalls der durchlauchtigste und hocherhabene Fürst und Herr Herr Friedrich Erbe des Königreichs Norwegen, Herzog von Schleswig, Holstein, Stormarn und Dithmarschen, Graf zu Oldenburg und Delmenhorst, aufgrund seiner einzigartigen Zuneigung zur Beschäftigung mit der Mathematik (und Astronomie), in denen er höchst erfahren war, zu verehren beliebt, damit zugleich seinem unvergänglichen Ruhm ein ewiges Denkmal gesetzt. Ins Werk gesetzt im Jahre 1654 und im Dänisch-Schwedischen Krieg unterbrochen, hat es vollenden lassen der Durchlauchtigste Sohn Christian Albrecht im Jahre 1664. Leitung: Adam Olearius aus

Anhalt. Herstellung: And. Busch aus Limburg. Gravuren: die Brüder Christian und Andreas Rothgießer aus Husum."

Als mathematische Wissenschaft bezeichnete man damals mehr als heute; Erd- und Himmelskunde waren mitgemeint. Herzog Friedrich wird als wissenschaftlich interessierte Persönlichkeit genannt. Der Erfinder des Globus und dessen, was sich um ihn gruppiert, wird aber Olearius gewesen sein. Wenn es einmal heißt, der Herzog selbst habe für den großen Globus die Entwurfszeichnung gemacht (Sønderjyllands Historie III), so geht das zu weit, auch wenn Olearius sagt, Friedrich III. habe den Globus „auß eigener invention" errichten lassen. Daß er eine zu großen Plänen neigende Persönlichkeit war, zeigen seine Unternehmungen zur Hebung von Wirtschaft und Handel in seinem kleinen Territorium wie auch die Planung der Landesuniversität. Seine zum Teil am kursächsischen Hof in Dresden genossene Erziehung und seine Bildung befähigten ihn, auch unter schwierigen Bedingungen Herzogtum und Hof auf der Höhe der Zeit zu halten. Seine Rolle bei der Entstehung des Globus war die des Auftraggebers. Der Globus selbst machte das sichtbar: Der einzige aus dem 17. Jahrhundert erhaltene Teil des Globus ist, außer dem Eisengerüst, das etwa 80 bis 100 cm große, etwa 8 bis 10 cm dicke Stück der ursprünglichen doppelten Globusschale, mit welchem die Einstiegsöffnung verschlossen wurde. Sie trägt das Wappen des Herzogs zusammen mit dem seiner Gemahlin Maria Elisabeth. Letzteres hat seine Berechtigung darin, daß sie als sächsische Prinzessin das Gottorfer Hofleben zur Zeit Friedrichs III. mit prägte. Die Anfangsbuchstaben ihres Namens waren noch 1866 am Portal zum Neuen Werk lesbar, und sie standen auch neben denen ihres Gatten neben dem Portal zur Friedrichsburg; ebenso erscheinen sie auf der noch zu besprechenden Sphaera Copernicana am Halsband des Sternbilds „Hund" (Abb. 30). Es leidet keinen Zweifel: sie hat auch den Sammeleifer der Gottorfer gelehrten Männer bestärkt; im Husumer Schloß waren ihrer persönlichen Sammlung zwei eigene Räume gewidmet. Bei ihrem Tod hinterließ sie nicht weniger als 75 Uhren. Offenbar war sie eine starke Persönlichkeit und wußte ihre Ansprüche an ein neuzeitliches Hofwesen durchzusetzen. Ada Kadelbach hat die fromme Frau mehrfach treffend charakterisiert.

Der erhaltene Teil der Globusschale zeigt das Wappen des Herzogs und der Herzogin in einer sonst nicht überlieferten Ausführlichkeit (Abb. 14). Heinrich Freiherr von Hoyningen, gen. Huene hat sie mit dankenswerter

14 Die Verschlußklappe des Gottorfer Globus zum Dichtsetzen der Einstiegöffnung, in den 1650er Jahren bemalt von Johannes Müller mit dem Allianzwappen des herzoglichen Ehepaares Friedrich III. von Schleswig-Holstein-Gottorf und Maria Elisabeth Prinzessin von Kursachsen. Beim Brand 1747 blieb die Klappe verschont. Lomonosow-Museum, Leningrad.

heraldischer Akribie erklärt: Die heraldisch rechte Hälfte des Wappens (vom Beschauer aus gesehen die linke) zeigt das Wappen Herzog Friedrichs III., d.h. die Wappenzeichen aller derjenigen Territorien, auf die sein Haus einen Erbanspruch hatte. Hauptschild: Quadriert, mit zwischen Feld 3 und 4 eingeschobener Spitze. 1.) In Rot ein goldener bekrönter Löwe, der in den Pranken eine silberne Hellebarde mit (gebogenem) goldenen Schaft hält (Königreich Norwegen). 2.) In Gold zwei schreitende rotbewehrte blaue Löwen übereinander (Herzogtum Schleswig). 3.) In Rot ein silbernes Nesselblatt mit silbern-rot geteiltem, aufgelegten Schildchen (Herzogtum Holstein). 4.) In Rot ein silberner Schwan mit einer goldenen Halskrone (Stormarn). Spitze: In Rot ein golden gerüsteter Reiter auf silbernem Pferd (Dithmarschen). Herzschild: Geviert: 1.) und 4.) In Gold zwei rote Balken (Grafschaft Oldenburg). 2.) und 3.) In Gold ein blaues Nagelspitzkreuz (Grafschaft Delmenhorst).

Die heraldisch linke Hälfte des Wappens zeigt dasjenige der Herzogin Maria Elisabeth geborenen Prinzessin von Sachsen. Es ist zweimal gespalten und fünfmal geteilt mit folgenden Feldern (vom Beschauer gesehen: von links nach rechts, von oben nach unten):

1. Landgrafschaft Thüringen: In Blau ein goldener gekrönter von Silber und Rot fünfmal geteilter Löwe.
2. Herzogtum Kleve: In Rot ein silbernes Herzschild, vor dem sich acht Goldene Lilien-Zepter vereinigen.
3. Herzogtum Berg: In Silber ein roter Löwe.
4. Markgrafschaft Meißen: In Gold ein schwarzer Löwe.
5. Herzogtum Sachsen (auf Kosten des Feldes 8 vergrößert): Von Schwarz und Gold neunmal geteilt und mit einem schräg-rechten grünen Rautenkranz belegt.
6. Herzogtum Jülich: In Gold ein schwarzer Löwe.
7. Pfalz Sachsen: In Blau ein goldener Adler.
8. Grafschaft Landsberg (?); eigentlich: In Gold zwei blaue Pfähle, offensichtlich hier aber umgekehrt: In Blau zwei goldene Pfähle.
9. Pfalz Thüringen: In Schwarz ein goldener Adler.
10. Grafschaft Orlamünde: In Gold mit roten Herzen besät ein gekrönter schwarzer Löwe.
11. Herrschaft Pleissen: In Blau ein von Gold und Silber geteilter Löwe.
12. Grafschaft Eisenberg: In Silber drei blaue Balken.
13. Grafschaft Mark: In Gold ein von Rot und Silber in drei Reihen geschachter Balken. Das Rot an der Seite bezeichnet vermutlich die Regalien.
14. Grafschaft Altenburg: In Silber eine rote golden besamte Rose.
15. Grafschaft Ravensberg: In Silber drei rote Sparren.
16. Grafschaft Brehna: In Silber drei (2, 1) rote Schröterhörner.

17. Nicht zu erkennen.
18. Grafschaft Henneberg: In Gold eine auf grünem Dreiberg stehende schwarze Henne mit rotem Kamm.

Daß Olearius als der eigentliche geistige Urheber des Gottorfer Globus zu gelten hat, dürfte nicht zweifelhaft sein, obwohl er selbst die Urheberschaft seinem Herzog zuschreibt. Friedrich mag Ideen aufgebracht und verfolgt haben; Olearius hatte sie zu systematisieren. Beim Gottorfer Globus war zunächst die Ausführbarkeit zu prüfen. Ließ sich eine Kugel aus doppeltem Kupferblech von derartigen Ausmaßen überhaupt verwirklichen? Dabei spielte die Belastbarkeit (bis zu 12 Personen) eine Rolle. Diese technischen Fragen mußten geklärt sein, noch bevor mit dem Bau des Globushauses begonnen wurde. 1650, als mit dem Bau der Friedrichsburg nachweislich begonnen wurde, müssen Fragen des Maßstabs also schon gelöst gewesen sein, ja, der gesamte Plan muß fertig ausgearbeitet vorgelegen haben, was freilich nicht ausschloß, daß während des Baus der Friedrichsburg Korrekturen der Architektur notwendig wurden. Es darf als sicher gelten, daß Andreas Bösch in erster Linie für das Gelingen des Globus-Korpus, der Kupferkugel, zuständig war, Olearius für die Berechnungen, nach welchen die Uhrmacher, wohl unter Böschs Aufsicht, am Triebwerk zu arbeiten hatten.

Olearius, der sich vom Vertrauen seines Fürsten getragen fühlte, bestimmte, was geschehen sollte, und wird mit Recht „Direktor" genannt. Andreas Bösch, als Büchsenmacher ein Fachmann der Feinmechanik, verstand sich, wie mancher seiner Büchsenmacher-Kollegen, auch auf den Uhrenbau, zudem auf die Behandlung großer Körper aus Kupferblech. Er war also zuständig für die Verwirklichung des technischen Gesamtkonzepts, das die geläufigen Maßstäbe des Schleswiger Handwerks weit übertraf. Die Rentekammerrechnungen nennen seinen Namen erstmals 1652; in diesem Jahr wird er seine Funktion auf Gottorf angetreten haben. Er übernahm sowohl die Arbeit am großen Globus als auch die an der Sphaera Copernicana. Bisher konnte nicht ausgemacht werden, aus welchem Limburg er kam. Vielleicht aber bezeichnet der Name gar nicht einen Ort, sondern die Grafschaft Limburg. Niels von Holst meint, unter Berufung auf seinen Gewährsmann Bergholz, Böschs Herkunftsort gefunden zu haben: Lüttich. Doch lag der Zeitpunkt von Böschs Anfang auf Gottorf bereits 60 bis 70 Jahre zurück, als Bergholz in St. Petersburg Lüttich nennen hörte. Daß Bösch aus dem Gebiet zwischen Maas und Schelde kam, ist indessen sehr glaubhaft; dort vor allem mußte sich eine Kraft finden lassen, die sich zum „Fabrikator" beider Globen eignete. Dort waren Metallfachleute, insbesondere solche des Buntmetalls, zu Hause. Eine ganze Gruppe tüchtiger Uhrmacher war Andreas Bösch unterstellt. Sie arbeiteten, sofern nicht am Globus in der Friedrichsburg selbst, in der für diesen Zweck vom Hof angemieteten Werkstatt des Grobschmieds „aufm Hesterberg" Erich Petersen.

„Auf M[agister] Adami Olearii Bibliothecarii vnnde Hoff Mathematici Anmelden, Andreaß Boschen, Meister am Globo, auff Rechnung vnndt in Abschlagk seiner wegen allerhandt am gemelten Globo verrichteten Arbeit habenden Fürderung 70 Reichstaler" – so lautet der erste Rechnungsvermerk. Bald danach folgten 50 Rthlr und 1653 noch 218 Rthlr 44 ß. Ab Juni 1653 erhält Bösch monatlich 18 Rthlr für die Aufsicht über die Handwerker und für eigene Arbeit. Das scheint im September 1657 zu enden; offenbar stockt die Arbeit am Globus, und Bösch verläßt Schleswig. Mit Erich Petersen wird abgerechnet, ebenso mit Böschs Gehilfen. „Womit auch dieses geendiget", fügte der Schreiber der Kammerrechnungen hinzu.

Was nach Herzog Friedrichs Tod noch zu tun blieb und wer die abschließenden Arbeiten in Händen hatte – darüber schweigen sich die Quellen aus. Doch scheint weiterhin Adam Olearius das Heft in der Hand behalten zu haben.

Zusammen mit den Goldschmiede-Brüdern Petersen, die ebenfalls in Husum lebten, versahen die Brüder Christian und Andreas Lorenzen oder – wie sie in der Inschrift nach ihrem Beruf genannt wurden: Rothgießer – schon vor 1650 die Aufgaben, die mit der Herausgabe von Druckwerken höheren Anspruchs bei Hofe anfielen. Olearius ließ 1647 die erste Ausgabe der „Offt begehrten Beschreibung der Newen Orientalischen Reise" erscheinen; sie enthält eine größere Folge von in Kupfer gestochenen bzw. radierten Illustrationen von dokumentarischem Wert, z. T. hergestellt von den Brüdern Lorenzen. Christian signierte die Persienkarte. Zu der 1656 erschienenen zweiten, stark erweiterten Ausgabe steuerten sie wesentlich mehr bei. Zu der 1652 erschienenen „Newen Landesbeschreibung" von Danckwerth lieferte Christian acht, Andreas fünf signierte Kartenblätter. Christian war an allen diesen Arbeiten stärker beteiligt als sein Bruder; zweifellos war er auch der tüchtigere Stecher. Auch an den Illustrationen zur Reisebeschreibung des Johann Albrecht von Mandelslo, erschienen 1658, und zu Vergils Hirtengesprächen, 1649 erschienen, haben die Brüder ihren Anteil. Die Arbeiten für den großen Globus fielen also in eine Zeit anhaltender Tätigkeit für den Gottorfer Hof. Es sei zumindest erwähnt, daß der Hof auch mancherlei andere, praktische Gebrauchsdinge von den Rothgießer-Brüdern bezog wie Geschirr für die Küche und Dinge des Alltags, wie ein Rotgießer sie zu liefern pflegte.

Trotz ihrer Erfahrung in der Kartographie haben die Brüder Lorenzen nicht, wie gelegentlich angenommen wird, das Erdkartenbild auf die Außenfläche des großen Globus eingraviert. Wie aus den Einträgen der Rentekammerrechnungen hervorgeht, malte es, ebenso wie die Sternbilder im Innern, der Hofmaler Johannes Müller. Daß aus den Rechnungen Klarheit im einzelnen darüber nicht zu gewinnen ist, wird daran liegen, daß Müller außer Hofmaler – als solcher wird er erstmals 1635 bezeichnet – bald auch Bauinspektor des Hofes wurde. Merkwürdig bleibt, daß die Globusinschrift ihn nicht nennt.

Hier interessiert nur seine Leistung als Maler. Von seiner Kunst ist freilich bisher keine klare Vorstellung zu gewinnen. Zwar berichten die Rechnungen von Porträts, die er malte oder auch malen ließ, insbesondere von Miniaturporträts in ganzen Serien, doch war er als Hofmaler auch allerlei dekorative und gar handwerkliche Malerei zu liefern schuldig wie z. B. das Staffieren von Brautwagen und Brautbetten für die Fürstenhochzeiten. Die sehr bescheidenen dekorativen Malereien an der glücklicherweise erhaltenen Wiege in der Kapelle des königlichen Schlosses zu Stockholm dürften von Müller stammen. Doch wäre es wohl verfehlt, danach sein Können beurteilen zu wollen. Auch die Arbeit am Globus gehörte, wie man vermuten kann, zu den Aufgaben, die Müller von Amts wegen zu erfüllen hatte. Die ihm gezahlten Beträge mögen auf die von ihm verarbeiteten Materialien zu beziehen sein. Dabei schlugen stark zu Buch die Leinwand und die Grundierung, also jene Stoffe, die, wie Olearius schreibt, einen harten Malgrund ergaben.

In engerer Bindung an den Hof wirkte auch Otto Koch am Globus mit, und zwar als Graveur. Im Unterschied zu den Brüdern Lorenzen fiel ihm anscheinend zu, was an figürlichen Motiven zu gravieren war. Das war vermutlich weit weniger, als was seinen Anteil an der Sphaera Copernicana ausmacht. Auch er war ein bescheidenes Talent. Zur Dekoration von Uhrgehäusen, die in Gottorf entstanden, trug er die Gravuren ein, sofern nicht Bessere als er damit befaßt wurden. Die früheste Probe seiner Stecherkunst, die bewahrt ist, stellt das mit „Otto Koch sculpsit S[ch]le[swig]" signierte Porträt des Herzogs Friedrich III. dar.

Von den Uhrmachern, die als Ausführende unter der Oberleitung von Andreas Bösch am Bau des Globenmechanismus beteiligt waren, ist insbesondere Nikolaus Radeloff bemerkenswert. Seine besondere Leistung wurde oben bereits gewürdigt. Beim großen Globus wird er eigene Ideen kaum haben anbringen können.

Wie der Globus entstand

Die wichtigste Quelle, die herzoglichen Rentekammer-Rechnungen, bieten leider nicht die erwünschte Möglichkeit, das Entstehen des Globus Zug um Zug zu verfolgen. Die Bezeichnungen der verschiedenen Ausgaben sind häufig summarisch, die Zahlungen wurden vielfach stark verzögert, doch lassen sich die Namen der beteiligten Kräfte benennen, auch über die Inschrift hinaus.

Ein folgerichtiges Bild vom Ablauf der technischen Vorgänge ist indessen nicht zu gewinnen. Sowohl beim Globushaus wie beim großen Globus selbst hatten manche Arbeitsgänge deutlich den Charakter des Experiments. Dabei hatten sich gewiß auch gestandene Fachleute des Handwerks unter die Regie des Meisters Bösch zu beugen. Dieser zahlte den regelmäßig fälligen Lohn und stellte ihn der Rentekammer in Rechnung; Otto Jageteuffel als Vertreter von Olearius erkannte sie an.

Sonderregelungen galten offenbar den Husumer Rotgießern. Lorenz Karstensen, der Vater, beschaffte, wie es scheint, in erster Linie Material. Christian Lorenzen, der Sohn, trug auch schwierigere Facharbeit bei, nur in Beschränkung Gravierarbeit. Diese blieb größtenteils dem auch als Kupferstecher für den Hof tätigen Otto Koch vorbehalten. Andreas Lorenzen, der zweite Sohn Lorenz Karstensens und ebenfalls vom Hof als Kupferstecher viel beanspruchter Fachmann der Graphik, nahm an den Globusarbeiten nur gegen Ende in anscheinend geringer Funktion teil.

Der Bau des großen Globus begann spätestens 1651, seine Behausung, die Friedrichsburg, begann schon 1650 zu entstehen. In diesem Jahr waren Tischlerarbeiten im Gang, und es wurden „zu behueff des Fürstl. Lusthauses Bäume zu Kanten geschlagen", also Zimmerarbeit geleistet, Bretter wurden gesägt, Fensterluchten, Fensterrahmen und Türzargen getischlert. Im Februar 1651 bekam Christoff Hambürger „im Abschlag" bezahlt, „welcher die Kunströhre machet" (136 Rthlr, dazu später noch 100 und 50 Rthlr); im Juli bereits waren die Röhren geliefert worden, teilweise jedoch noch „unter Handen", d. h. im Entstehen. Bei anspruchsvollen Aufträgen wurde auch solide bezahlt. Man darf also annehmen: die Leitung des Wassers vom Teich neben dem Globusgarten bis in das Globushaus ist in Arbeit. Freilich können sich die Röhren-Arbeiten auch auf eine andere Wasserkunst beziehen, etwa auf die Herkulesfigur inmitten des Teiches, die eine Fontäne darstellte. In diesem Sinne mehrdeutig sind viele Rechnungsposten. Johann Mejers Plan aus den 1640er Jahren (Abb. 17 u. 18) weist eine Art Damm auf, der von Osten her bis zur Mitte, also bis zum Herkules-Sockel reicht und möglicherweise dem Verlegen der Rohre diente.

Die Erarbeitung des Gesamtplanes muß weiter zurückreichen. 1651 wurde es ernst. In diesem Jahr erhielt Lorenz Karstensen, Rotgießer in Husum, 27 Mark für vier Messingrollen, die er auf das Neue Werk geliefert hatte. Dergleichen dürfte schon für den Globus selbst bestimmt gewesen sein. Kurz darauf wird das Objekt in den Rentekammern auch genannt: die Kleinschmiede Johann Niendorf und Hans Meyer bekamen 15 Mark 24 ß wegen „verfertigter Arbeit ann dem großen Globo auf dem newenn Werke". Das ist die früheste Nennung in den Rechnungen. Desungeachtet können die Arbeiten schon länger im Gang sein. Olearius bestätigt durch Gegenzeichnung der Rechnung, daß er die Regie über den Globusbau führt. Otto Jageteuffel vertritt ihn nur ausnahmsweise.

Offensichtlich wurden die Hauptstücke des Globus im Globushaus montiert. Der Transport des gesamten Werkes als ein Stück muß von vornherein als zu gewagt erschienen sein. Es wurde also schon zu Beginn entschieden, daß man bei einem Transport – an den niemand gedacht haben wird – eine Wand des Gebäudes würde aufbrechen müssen. Vor Beginn des Globusbaus muß deshalb das Gehäuse zumindest im Rohbau fertiggestellt gewesen sein.

Spätestens 1652 scheint Andreas Bösch auf Gottorf eingetroffen zu sein. Er übernahm sowohl die Arbeit am großen Globus wie auch die an der Sphaera Copernicana. Am 10. Februar wurde in der Nagelrechnung notiert: „zu ein Modell vor Andreaß Bosch vff dem neuenwercke außgegeben 40 Dreiling", am 13. Juli: „Andreaß Bosch zur Stellung zu den Globus zugebrauchen". Offenbar wurden viele Nägel benötigt für Gerüste, Gestelle und dergleichen, Dinge, die vorbereitend der Arbeit Halt geben sollten.

Eine Werkstatt für die an beiden Globen arbeitenden Mechaniker räumte der Grobschmied Erich Petersen auf dem Hesterberg ein; er erhielt dafür „Hausmiethe". Bösch selbst bezog Quartier bei Dorothea Michels, die dafür 32 Rthlr jährlich erhielt. In den Rechnungen wird er „Meister am [großen] Globo", wohl des Wasserantriebs wegen auch „Kunstmeister" genannt, seine Funktion „Aufsicht". Als „Gehilfen" figurieren die ihm „untergebenen" Mitarbeiter des „Direktors" und Büchsenmachers". Unter ihnen hatte Hans Schlemmer offenbar eine Sonderstellung: Er allein durfte sich an der Sphaera Copernicana als Hersteller des Uhrwerks bezeichnen, während die übrigen „Gesellen" sich als „sämtliche Handwerker" bezeichnen lassen mußten und am Globus selbst gar nicht genannt wurden. Unter ihnen waren naturgemäß am stärksten Metallhandwerker beteiligt. 1652 arbeiteten am Globus die 3 Schmiede Johann Nienndorff, Hans Meyer und Caspar Winnies,
– der Plattenschläger Joachim Conradt (er lieferte schmale Eisenplatten)
– der Kupferschmied Heinrich Ihlenbrok (er lieferte Messing-Teile)
– der Uhrmacher Nikolaus Radeloff (er lieferte Messingräder und andere Uhrenteile), ein Gesell arbeitete mit
– der Kupferstecher Otto Koch (er trug die Gravuren bei, der in diesem Punkt leicht irreführenden Inschrift zum Trotz)
– der Rüstmeister Hans Christoff Hamburger (lieferte Bleiröhren)
– der Orgelbauer Conrad Topf, Husum (lieferte Bleiröhren)
– der Müller Bartolt Goldtbergk (arbeitete an den hölzernen Rädern des Triebwerks. Müller waren oft auch Mühlenbauer).

Die Zusammensetzung des Bautrupps veränderte sich, es tauchen neue Namen auf, die sich nicht mit Sicherheit einem bestimmten Handwerk

Nächste Seite: 15 Ausschnitt aus dem Sternenhimmel der Sphaera Copernicana mit einigen der von Otto Koch grob gravierten Sternbildern, darunter „Hercules" mit Löwenfell und Keule, gezeichnet nach Kupferstichen von Johannes Bayer.

zuordnen lassen. So begegnen im vermutlichen Höhepunkt der Arbeiten am Globus die Namen: Hans Regels, Cornelies Faber, Tobias Holfeldt, Bartel Severin, Simon Janßen, Christian Warning, Peter Hanssen, Jürgen Sirk.
Als Hauptbeteiligte wären Kupferschmiede zu erwarten. Ob sich unter den bloß mit Namen Benannten ein Vertreter dieses Berufs oder eines benachbarten befand, ist nicht auszumachen. Es ist indessen gut denkbar, daß die zwei ineinander montierten Kupferblechkugeln, die den Gottorfer Globus auszeichnen, von auswärts geliefert wurden, etwa aus der Gegend von Aachen, wo es an den Flüssen Tiefhammer-Betriebe gab, die Derartiges herstellen konnten. Zumindest eine Lieferung des herzoglichen Faktors in Hamburg, Johann Danckwerth, schloß neben anderen Fertigwaren Kupferblech ein; weitere Lieferungen derselben Art können hinter anderen Rechnungsposten unerkennbar stecken. Immerhin stellte auch das Zusammenfügen der Kalotten und der Bau des Treibwerks hohe Anforderungen an die Fertigkeit der Beteiligten.

Als einziger Plattenschläger bekam Joachim Conradt Bezahlung für Kupferplatten zum Globus; es waren aber nur 40 Rthlr. Das kann die Vermutung, die großen Globusschalen seien fertig von außen bezogen worden, eher bestätigen. Mit den häufiger genannten Hülsen („Holßen") hatten die Handwerker offenbar mehr Mühe. Auch ergab sich die Notwendigkeit von Planänderungen. 1654 mußte ein Messingrad umgegossen werden.

Besondere Leistungen wurden gesondert honoriert, so erhielt Lorenz Karstensen in Husum 1652 für gelieferte „Meßings Hülsen" 80 Rthlr; er führte die wichtigsten der Material verschlingenden Arbeiten aus. Sein Sohn Christian, „welcher den Meridianum zum großen Globo mit Messing überziehen soll", bekam 80, später noch 73 Rhtlr. Für das Messing mußten weitere 40 Rthlr bezahlt werden. Die Beschaffung des Materials scheint nicht gerade einfach gewesen zu sein. 1654 erhielt Olearius „zur Erkauffung alten Meßings, welches zu dem großen Globo verbraucht worden", 50 Rthlr. Im Jahr zuvor hatten die Husumer Rotgießer Materialien zu demselben Zweck mehrfach eingekauft. Es entsteht der Eindruck, daß Altmaterialien im Lande aufgekauft wurden. Daran war die Bevölkerung Nordfrieslands entschieden reicher als die des östlichen Herzogtums.

Mehrfach wird über die Lieferung einzelner Räder und Hülsen eigens abgerechnet, so 1653 über ein Rad, das 186 Pfund wog und über ein „Meßinges Rath, so vmmegegossen gewogen 274 Pfund". Am 26. Oktober 1654 heißt es: „gelievert die Schraube ohne Ende wicht lauth des Wach-[Waage]settels 289 Pfund" 117 M hielt [= je] Pfund 14 ß 172 M 6 ß".

Vorige Seite: 16 Ausschnitt aus der Innenansicht des Gottorfer Globus mit den nach der Mitte des 18. Jahrhunderts von der Hand eines russischen Malers nach denselben Vorlagen gemalten Sternbildern.

Im Juli 1654 wurde die Bemalung der Außenfläche vorbereitet. Der Kornschreiber in Husum beschaffte zum Globus 88 Ellen Leinen. Damit sollte der Globus offenbar bespannt werden. „Mro [= Magistro] Adamo Oleario Bibliothecario... erstattet, waß er für Leinwandt zu Beziehung des großen Globi verlegt" [= verauslagt] 18 Rthlr 26 ß. Mit dem Grundierungsstoff, mit welchem sie danach getränkt wurde – es wird gelegentlich Kreide gekauft – stellte sie vermutlich die „feste Materie" dar, von der Olearius als dem Grund für die Landkartenmalerei des Erdglobus berichtet. Die Kupferfläche wurde also nicht, wie sonst für die Malerei auf (kleineren) Kupferflächen, aufgerauht, um den unmittelbar aufzutragenden Grundierungsstoff nachhaltiger aufzunehmen, sondern sie wurde poliert und mit Leinen bedeckt. 1655 verzeichnen die Rentekammer-Rechnungen: „Zween Arbeits Leuten, so daß Kupffer auswendig am Globo Polirt vnndt rein gemacht 2 Rthlr 12 ß."

1654 wurde auch Otto Koch, der Kupferstecher, tätig. Er hatte silberne Stifte zu liefern, welche im Innern des Globus Sterne markierten. Einen gleichen Auftrag erhielt Gottfried Frauenlob. Auch der „Vergülder" Martin Schwertfeger wurde 1656 tätig; er hatte „zwey große Handgriffe am Globo zu vergulden".

Ein sehr wichtiger Bestandteil des Ganzen, den weder die Inschrift noch die Fama ihrem Hersteller nach überliefert haben, ist schließlich die Bemalung innen und außen.

Die Erdkarte an der Außenseite wird mehrfach als buntfarbig bezeichnet; jedenfalls war sie weder graviert noch auch nur gezeichnet. Sie muß regulär gemalt gewesen sein, möglicherweise mit Ölfarben.

Es darf als sicher gelten, daß im Innern auch der ursprüngliche Globus mit den figürlichen Sternbildern ausgemalt war, wie es der später erneuerte noch ist (Abb. 16). Es könnte sogar nach derselben Serie von Kupferstichen als Vorlage geschehen sein. Denn die Sternbilder-Kupferstiche von Johannes Bayer waren bereits 1603 erschienen. Aus ihnen heraus reflektierten die vermutlich facettierten Köpfe der silbernen, z.T. vergoldeten Sternenstifte das Licht der vorgesehenen zwei Kerzen, deren Plazierung unbestimmt bleibt.

Im Jahr 1656 beginnen die Arbeiten auszulaufen. Die Sphaera Copernicana, das Werk Böschs und des Uhrmachers Hans Schlemmer, eines Schleswigers, war schon 1653 fertig. Anscheinend 1657 verließ Andreas Bösch Schleswig. Aus den Rechnungen wird nicht erkennbar, was am großen Globus noch zu tun blieb. Das Herzogtum wurde mit Krieg überzogen; der Herzog flüchtete nach Tönning. Dort starb er 1659. Im Februar dieses Jahres erhielt der Tischler Peter Dehn 2 Rthlr 24 ß „für Arbeidt am großen Globo im abgewichenen Jahre". Und auch 1660 noch erkennt Olearius eine Forderung des Kupferstechers – jetzt ist es „Andreas Lorenzen oder Rohtgießer" –

in Höhe von 129 Rthlr 16 ß an; er hatte „im itztlauffenden Jahre am großen Globo vnterschietlich gearbeitet".

Was dem Nachfolger Friedrichs, Herzog Christian Albrecht, zu veranlassen übrig geblieben war, ist nicht erkennbar. Fertig war der Globus aber offenbar nicht, als Christian Albrecht das Regiment antrat. Sonst hätte er sich 1664 in der Inschrift nicht so stolz als Vollender nennen können.

Noch 1670 erhält der Rotgießer Andreas Lorenzen für Arbeit am Globus bezahlt. Und noch 1671 wird der Hofmaler dafür entlohnt, daß er den „Globus Coelestis et Terrestris" ausmalte. Dabei kann es sich um verspätete Zahlung für längst gelieferte Leistungen handeln. Wenn hingegen 1664 dem Rüstmeister Hans Christoff Hamburger ein Betrag für Bleiröhren für den Globus gezahlt wird, so kann es sein, daß inzwischen im Zusammenhang des weiteren Neuwerk-Ausbaus für die Wasser-Zuleitung zum Globus neue Bedingungen geschaffen waren, die bauliche Neuerungen zur Folge hatten. Die Wasser-Verhältnisse im Neuwerk erfuhren eine neue Regelung.

Als nicht befriedigend gelöst betrachteten manche Zeitgenossen den Widerspruch, der zwischen dem Anspruch auf ständige Umdrehung (im Sinne einer Uhr) und der Tatsache bestand, daß der Globus stillzustehen pflegte, daß gewiß der Wasservorrat nicht ausgereicht hätte, ihn ständig rotieren zu lassen. Danckwerth, der noch vor dem Baubeginn geschrieben haben wird, spricht noch von einem geplanten „motu perpetuo". Auch im oben zitierten Text des Happel ist die Frage enthalten, warum sich der Globus nicht ständig drehe. Und noch die Legende zum Lönborgschen Vogelschauprospekt der inneren Schlei von 1732 enthält den Satz: „Diese Machine hat eine projectirte Wasserkunst zu einem perpetuirlichen Lauff bringen sollen, so doch nicht ausgeführet worden." Es liegt nahe, mit diesem Manko – wenn es denn eines ist – die noch 1710 im oder beim Globushaus liegengebliebenen Bleirohre (die ein Inventar erwähnt) in Verbindung zu bringen. Um es noch einmal zu sagen: Es ist gut denkbar, daß Olearius die Idee eines ständigen Umlaufs während des Baues aufgab, sei es weil auf die Dauer doch niemand davon profitiert hätte, sei es weil sich die verfügbare Wassermenge als nicht ausreichend erwies.

Im Schrifttum findet man oft hervorgehoben, Christian Albrecht sei weniger als sein Vater an den Wissenschaften und damit auch an den Unternehmungen des Olearius interessiert gewesen, um so mehr an Theater und Musik und allgemein an den Musen. Immerhin bekannte er sich zu den begonnenen Werken, zur Landesuniversität und zum Komplex Neuwerk mit dem Globus. Auch als Mäzen des Malers Jürgen Ovens trat Christian Albrecht das Erbe seines Vaters im vollen Umfang an. In Ovens' Gemälde „Herzog Christian Albrecht als Beschützer von Kunst und Wissenschaft", das einmal zur Ausstattung des Schlosses Gottorf gehörte, heute aber im dänischen Schloß Erholm hängt, verkörpert eine Frauengestalt die Wissenschaften. Sie hält einen Globus hoch und verweist damit auf die am Gottorfer Herzogshof gepflegten astronomischen und geographischen Fächer.

Die Friedrichsburg

Im Jahr 1651 erteilte Herzog Friedrich dem Rat der Stadt Kiel den Befehl, sechs Mauerleute „nach Gottorf zu dem Neuwerke hinter dem fürstl Residenz Hause" per Wagen zu schicken. Der Maurerberuf war damals noch vornehmlich in der Stadt zu Hause; auf dem Lande hatten in erster Linie die Zimmerleute das Gerüst zu errichten, während die Wandfache in Laienarbeit mit Lehmstaken gefüllt wurden. Im Jahr darauf forderte der Herzog nochmals neun Maurer aus Kiel an. Sie sollten die Pfeiler der Gottorfer Schloßbrücke sichern, über welche offenbar viele Fahrzeuge rollten. Denn in Neuwerk entwickelte sich ein lebhaftes Treiben. Der Bau der Friedrichsburg, des Globushauses, war im Gang.

Als Bauwerk hat dieses Haus bisher keine angemessene Würdigung erfahren. Es ist gänzlich verschwunden; nur der einstige Standort läßt sich heute noch genau ausmachen. Philippsen meinte, künftige Grabungen könnten noch Reste aus dem Boden fördern.

Als 1713 der Globus aus ihm entfernt werden sollte, mußte eine Wand – Ulrich Petersen nennt die westliche, aber die südliche muß es gewesen sein – aufgebrochen werden, damit man die große im Innern des Hauses entstandene Kugel herausschaffen konnte, „weil die ordinaire Thüre zu klein war". Damit war der Verfall des Bauwerks eingeleitet. Man schloß das Loch wieder. Stand im 18. Jahrhundert das Schloß selbst wie ungenutzt da, dem Verfall weitgehend preisgegeben, so viel mehr noch die Friedrichsburg. 1770 wurde sie endlich abgebrochen; aber erst 1830 wurde die Standfläche planiert.

Aus schriftlicher und bildlicher Überlieferung läßt sich eine, wenn auch nicht restlos klare Vorstellung vom Bauwerk gewinnen. Es stand im Scheitel des Rundbogens, in welchem die Abschlußmauer des Globusgartens im Norden ausbuchtet. Gedacht war diese Mauer wohl als Stützmauer der nächsthöheren Parkterrasse. So lagen die Kellerräume in gleicher Höhe mit dem Herkulespark, das Erdgeschoß mit der ersten Hochterrasse.

Der Hauptbaukörper schloß oben flach ab. Nach Christian Jensen war er etwa 20 Meter breit und 30 lang, also keineswegs ein „Häuschen", wie ein Besucher schrieb. Schon 1708 war die Rede vom „alten Lusthaus", gewiß zur Unterscheidung vom neuen Lusthaus, der „Amalienburg", welche Herzog Christian Albrecht in den 1670er Jahren auf der höchsten Parkterrasse errichten ließ.

Es sind viele zeichnerische Darstellungen des Neuwerk-Gartens überlie-

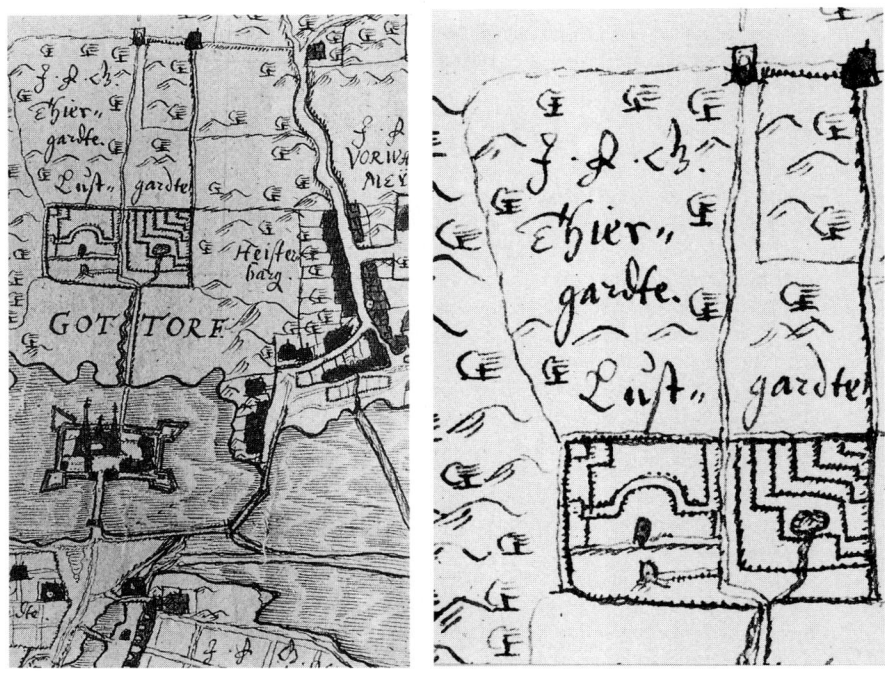

17 und 18 Plan von Schleswig und Umgebung, gezeichnet vom Kartographen Johannes Mejer vor 1650, Landesarchiv Schleswig-Holstein, Schleswig, Ausschnitt: Schloßinsel Gottorf und Neuwerk, z. T. nur geplant, mit Globusgarten und wasserspendendem Teich. Rechts: vergrößerter Ausschnitt daraus. Der Herkulesteich scheint noch nicht ausgehoben zu sein.

fert, die Aufschluß auch über das Globushaus liefern könnten. Doch das Interesse galt vor allem dem Park; die Architektur wurde nur summarisch und das heißt falsch erfaßt. Nur ein Vergleich aller überkommenen Pläne kann zu klareren Vorstellungen führen.

Johannes Mejer, der vielbemühte Kartograph des Herzogs, machte seine Zeichnung (Abb. 17 u. 18) wohl noch vor 1650: der bogenförmige Rücksprung in der Stützmauer nördlich des Herkulesteiches, der sich unklar abzeichnet, weist noch kein Bauwerk auf.

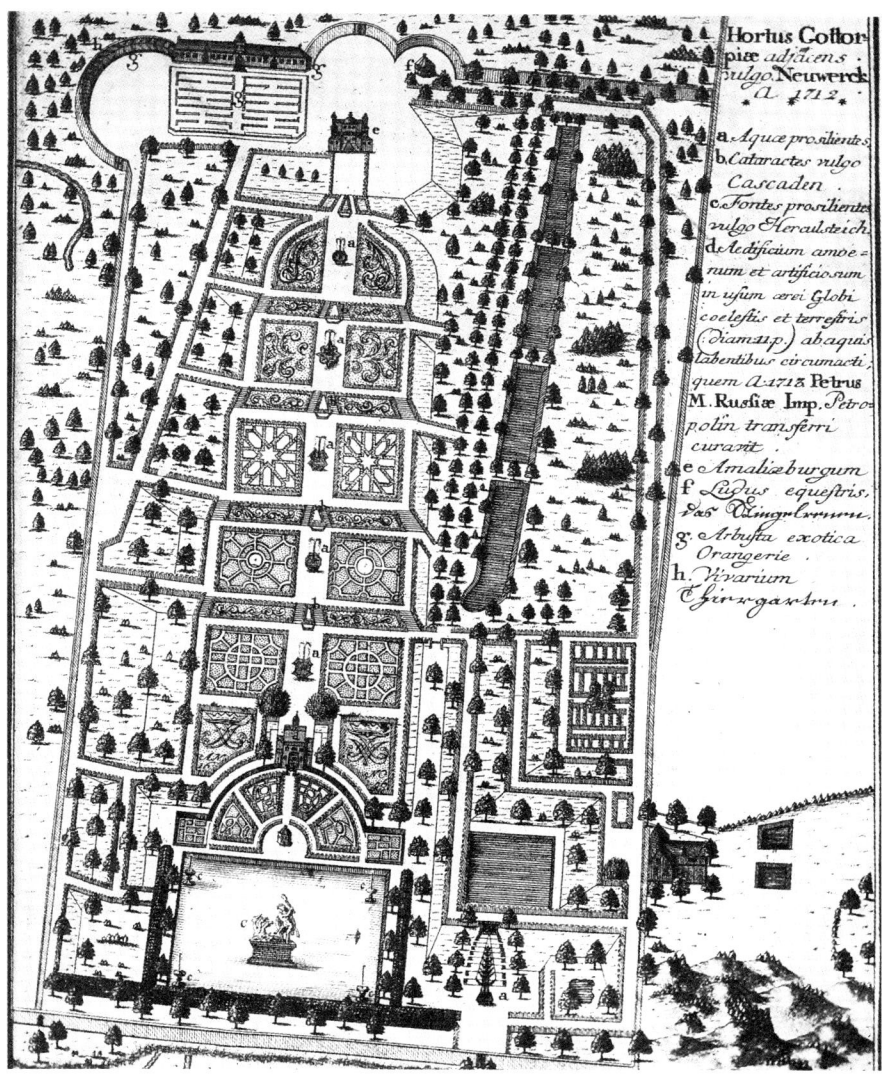

19 Kupferstich nach einer 1712 datierten Planzeichnung. Aus: Danske Vitruvius. Die Beischrift erwähnt den Abtransport des Globus aus der Friedrichsburg.

Nur wenn man die vom Chronisten Ulrich Petersen gelieferte Beschreibung des zu seiner Zeit noch bewahrten Baubestandes vor Augen hat, kann man die weiteren Darstellungen, Pläne und Ansichten, zutreffend interpretieren: „Dieses zierliche Hauß von dreyen Stockwercken nach Orientalischer Façon mit einem platten Tache erbauet, an allen 4 Seiten mit einem hervor stehenden Giebel, inwendig mit großen und mittelmäßigen Logements versehen: wird daher von einigen Arcella oder kleines Schloß tituliret, so dennoch vor ein artiges und vollkommenes Palais paßiren kan. Im untersten Stockwerk, wenn man die große Norderthüre ein paar Treppen aufgehet, ist zuerst der große Saal, darinnen vormals der rare, künstl. und kostbare Globus seine Residenz hatte. Unter diesem Mittelstocke sind noch die alten Cammern, in welchen die Räder und Machinen, so den Globum umbdreheten, ihn in den Gang und Circulation brachten, und durch Hülffe des treibenden Waßers regirten, zu sehen. Weiter unten, so breit dieses Hauß ist, nach dem Herculis-Teich zu, ist alles Keller hol und giebt im warmen Sommer eine angeneme Kühlung, und zu beyden Seiten dieses Kellers findet man eine bequeme Treppe, so unß den Weg nach der Mittel-Höhe dar reichet" (Ulrich Petersen § 11).

Diese aus der Anschauung – soweit zu seiner Zeit noch vorhanden – und aus der Erinnerung stammende Schilderung, zusammen mit anderen schriftlichen Überlieferungen, ermöglicht ein richtiges Verständnis der zuverlässigeren graphischen Blätter. Am ergiebigsten ist die Wiedergabe der Friedrichsburg in dem Vogelschau-Prospekt Lönborgs von 1732 (Abb. 20), zumal sie eine perspektivische Sicht von schräg oben bietet.

Ausgehend von dieser authentischen Ansicht kann man nur als irreführend bezeichnen, was der schwedische Baumeister Nicodemus Tessin der Jüngere nach einer Besichtigung der gesamten Parkanlage 1687 aufzeichnete. Immerhin ist es denkbar, daß man ihm einen veralteten Plan zur Überarbeitung überlassen hatte. Bei ihm streckt sich das Bauwerk in die Breite und steht dicht hinter dem Herkulesteich. Beiderseits des Kernbaus führt eine Treppe im Winkel aufwärts – wohin? Die Treppe war gewiß in der Wirklichkeit so vorhanden; aber sie führte auf die nächste Geländestufe, die in der Zeichnung weit nach oben (Norden) gerückt ist. Die übrigen Pläne und Ansichten lassen ganz im Unklaren, was die Treppen angeht.

20 Ausschnitt aus der vogelperspektivischen Ansicht der inneren Schlei mit der Stadt Schleswig und (im Vordergrund) der Schloßinsel Gottorf, 1732 gezeichnet von H. C. Lönborg. Schloß Glücksburg. Vorn der Globusgarten mit der Herkulesfigur im Teich, dahinter dem Pavillon und der Friedrichsburg. Dies ist – nächst dem Bild Abb. 21 – die verläßlichste Darstellung des Gebäudes. Der Bau ragt nach rückwärts in einen von Baumkronen gebildeten Kubus hinein.

Eine Planzeichnung vom Anfang des 18. Jahrhunderts (Abb. 19) bietet einen klaren Überblick über den Globusgarten mit dem Herkulesteich, dem Pavillon an dessen Nordseite, dem halbrunden Terrain ringsum und der im Bogen zurückweichenden Mauer, gekennzeichnet durch einen schwarzen Strich. Nördlich der Mauer tritt die Geländeböschung deutlich zurück. Sie wird also jetzt nicht von der Wand gestützt, sondern ist mit Büschen bepflanzt. Hinter den Bögen der Mauer steigt also das Gelände allmählich nach der Mitte zu an. In der Nähe des Globushauses ist die beiderseitige, in der Zeichnung weggelassene Treppe zu vermuten. In Tessins Zeichnung erscheint die Mauer weit vom Globushaus abgesetzt und beiderseits in je drei Bogenfelder gegliedert. Damit sind die Nischen gekennzeichnet, in die lebensgroße Büsten von Gottorfer Herzögen gestellt waren.

Den Zustand von 1690 (oder kurz danach) hält ein 1707 datierter Plan von Rudolph Matthias Dallin fest (Abb. 21); die Friedrichsburg ist darin in streng frontaler Ansicht wiedergegeben. Diese Darstellung stimmt genau überein mit der Ansicht in Lönborgs Prospekt. Dem würfelförmigen, dreigeschossigen Kern schließen sich nach Westen, Süden und Osten halbhohe eingeschossige flachgedeckte Ausbauten, nach Norden ein als Turm das Haus überragender Vorbau an, in dem das Portal eingelassen ist. Die flachen Dächer des Kernbaus und der Ausbauten sind mit Balusterbrüstungen umgeben. Im Kellergeschoß war aus dem Vorbau ein in Bögen sich öffnender Portikus geworden, durch den man in den Raum mit dem Globusgetriebe gelangte. Die seitlichen Kellerräume hatten als Grotten ausgestaltet werden sollen, hatten diesen Zustand aber nie erreicht. Dazu bemerkt noch Johann Christian Jürgensen, der die alte Chronik der Stadt Schleswig bis zum Jahre 1822 fortführte: „Noch ein Gewölbe an jeder Seite ... sollte zu Grotten dienen, wozu die Materialien, wie ich noch wohl erinnere, in großer Menge vorhanden waren, aber niemals gebraucht wurden." Nach Ulrich Petersens Ansicht hätten hier bei warmem Wetter Parkbesucher angenehme Kühlung gefunden.

Vom Keller aus konnte man im Gebäude nicht in das Hauptgeschoß gelangen; man mußte die Außentreppen benutzen, welche hinter der runden Mauer, der Rundung folgend, aufstiegen und durch Türöffnungen erreichbar waren. So gelangte man vor die eigentliche Fassade des Baus an der Nordseite, in die die von Cornelis van Mander ausgehauene, gewiß sandsteinerne Portaleinfassung eingelassen war. Aus der Fassade wuchs der dem Bau vorgesetzte Turm hervor. Durch das Portal gelangte man in ein kleines Vestibül und dann in den Hauptraum, in welchem der Globus installiert war. Der Raum, der auch als Saal bezeichnet wird, maß 100 Fuß in der Länge, 70 Fuß in der Breite und 16 Fuß in der Höhe. Nach drei Seiten hatte er Ausbauten, von denen schon die Rede war; Petersen nennt sie „Gänge", sie öffneten sich bogenförmig zum Saal. Die stark durchfensterten Wände im Westen, Süden und Osten müssen viel Licht hereingelassen haben. Herzog

21 Ausschnitt aus einer handschriftlichen Karte des Schloßgebietes Gottorf, 1707 Königliche Bibliothek, Kopenhagen. In den Zwickelbeeten links und rechts erscheint der spiegelbildliche Namenszug F A als eine Huldigung an Herzogin Friederike Amalie. Der Plan stellt gegenüber Abb. 20 die richtigen Proportionen her. Der Herkulesteich ist unten abgeschnitten.

Friedrich hatte für sie, nach Ausweis der Rechnungen, Glas eigens aus Holland kommen lassen.

Inmitten stand der Globus, normalerweise mit einem Schutzüberzug bedeckt. Um ihn herum, etwa in halber Höhe, doch so, daß man darunter noch gehen konnte, umzog ihn eine hölzerne Galerie mit Balustrade, die Gelegenheit bot, auch die nördliche Halbkugel aus der Nähe zu betrachten. Auf die Galerie führten zwei ebenfalls hölzerne Wendeltreppen, die das

22 *Eule aus Stuck mit gläsernem Auge. Ausschnitt aus einer Stubendecke im einstigen Kommandantenhaus am Markt in Tönning (der Festung des Gottorfer Herzogtums), jetzt im Schleswig-Holsteinischen Landesmuseum, Schloß Gottorf. Ein Eulenbild derselben Art, wohl von demselben „Kalkschneider" (Stukkateur) saß auch an der Decke des Globus-Raumes in der Friedrichsburg.*

Werk des Schleswiger Schnitkers Steffen Kueß waren. Schon 1652 bekam er dafür bezahlt, die Bauarbeiten insgesamt müssen zu dieser Zeit schon recht weit fortgeschritten gewesen sein. Galerie und Treppen darf man sich schmuckhaft ausgestaltet vorstellen, sonst hätte man sie wohl kaum nach St. Petersburg mitgehen heißen.

Die Decke des Saales war stuckiert. Die Kalkschneider Philipp Weller und Hartwig Singelmann haben in der Friedrichsburg gearbeitet. Es waren vermutlich dieselben, die etwa gleichzeitig auch im Schloß tätig waren. Neben dem Fleck, an welchem bis 1714 der Globus oben befestigt war, zeigte sich im Stuck eine Nachteule. Jürgensen scheint anzunehmen, daß sie dort erst nach dem Abtransport des Globus erschien, „welches denn bey Manchem meiner damaligen Zeitgenossen den Stoßseufzer veranlaßte: Ja, nun sitzt eine Eule da!". Das setzt Bekanntschaft mit der Redensart „Dor hett en Uhl seten" (wenn etwas unglücklich verlaufen war) voraus. Indessen taucht in der Mitte des Jahrhunderts dasselbe Motiv auch an der Stuckdecke im Haus des einstigen Kommandeurs der Festung Tönning auf (jetzt im Landesmuseum im Schloß Gottorf, Abb. 22).

Jürgensen fährt in seiner Beschreibung fort: „Am Nord-Ende des Gebäudes vor dem Eingange war ein gewölbter Thurm mit der Mauer verbunden von 60 bis 70 Fuß Höhe, in welchem, zur rechten Seite am Eingange des Saales, eine Treppe nach der 2ten Etage führte." Über sie gelangte man in das Obergeschoß. Dasselbe „bestand aus einem schönen hellen Speise- und Tanzsaal, mit Ausgängen auf die erste Gallerie", das heißt auf die mit Balustraden umgebenen Flächen über den Ausbauten des Hauptgeschosses. Zu Jürgensens Zeit, zu Beginn des 19. Jahrhunderts, scheint keine Erinnerung an die ursprüngliche Zweckbestimmung mehr bestanden zu haben. Ulrich Petersen, der ein halbes Jahrhundert früher schrieb, wartet mit besserer Kenntnis auf: „In dem Oberstock dieser Burg ward in alten Zeiten eine Camera obscura gehalten, darinnen man allerhand anmuthige Perspectiven und Historische Bilder mit geschliffenen Gläsern Praesentiret hat." Was Petersen als Camera obscura bezeichnet, müßte man richtiger „Optisches Kabinett" nennen; dazu gehört nach dem Verständnis der Zeit auch eine Camera obscura, die Urform eines Fotoapparats. Der Bestimmung des Raumes ist noch besonders nachzugehen.

Folgen wir weiter Jürgensens Leitung: „Die Treppe [die Wendeltreppe im Turm] führte dann zum oberen platten Dache, welches mit Kupfer gedeckt, mit einem bretternen Boden belegt, und mit einer starken Gallerie umgeben war. Im Thurme war noch ein kleines Cabinet mit Fenstern nach allen Seiten, die eine schöne Aussicht, besonders nach dem Schlosse und den Hauptlustparthien des Gartens nach Norden hin, gewährten." Der Rentekammer-Rechnung zufolge bekamen schon 1652 Schleswiger Handwerker dafür bezahlt, daß sie die Dachfläche mit einer „Galerie", d. h. mit einer Balusterbrüstung, umgaben. Es scheint, daß die Festigkeit dieser Galerie und die Wasserundurchlässigkeit des flachen Daches den Bauleuten besondere Schwierigkeiten bereiteten; es wurde mehrfach daran gearbeitet.

Die Dachfläche ist als Stand eines Observatoriums zu verstehen, auf das gewiß weder Friedrich noch Olearius verzichten wollten. Die Geräte, die man hier für die Beobachtung brauchte, gehörten zweifellos dem optischen Kabinett im Stockwerk darunter an; sie ließen sich leicht je nach Bedarf hinaufschaffen.

Der Architekt Laurids de Thurah, der in seinem Hauptwerk, dem „Danske Vitruvius", Kopenhagen 1749, die hervorragenden Bauten des damaligen Königreichs als Kunstwerke vorführte, weiß von der Friedrichsburg nur zu vermelden, daß sie „ein zierliches Lusthaus" sei, er hat für den besonderen Stil kein Wort. Es muß wohl auf Olearius selbst zurückgehen, daß die meisten Autoren, die das Bauwerk nennen, es als im „persischen Stil" erbaut kennzeichnen. Andere sprechen von „persischem Geschmack". Gelegentlich wurde auch der Globus- oder Herkulesgarten, also das vorderste Parterre der ganzen Anlage, als der „persische Garten" bezeichnet. Welches sind die

23 Aufblick auf die persische Stadt Isfahan in den 1630er Jahren. Ausschnitt aus einer Radierung in Olearius, Orientalische Reisebeschreibung, 1647. Er bietet so etwas wie die Summe der persischen Hausformen, die Adam Olearius in Persien kennenlernte. Mit der Friedrichsburg haben sie jedenfalls die kubische Gesamtform gemeinsam.

persischen Elemente der Bauform, die eine solche Dominanz erreichten? Olearius vor allen mußte wissen, was damit gemeint war; geäußert hat er es nicht. In Persien hat er selbst Häuser in großer Zahl gezeichnet; die Illustrationen der Reisebeschreibung geben manche auf der Reise entstandene Zeichnung wieder (Abb. 23). Einzelformen gaben jedenfalls keinen Anlaß. Es bleibt die vorherrschende Würfelform der persischen Bauwerke, die hierzulande fremdartig wirken mußte. Wo an der Friedrichsburg Einzelformen zutagetraten, etwa an Cornelis van Manders Portaleinfassung, da war er, so darf man annehmen, bei seinem Formenrepertoire geblieben, dem Knorpelwerk also. Es haben sich bislang keine gegenteiligen Hinweise, etwa aus

24 Gartenschlößchen, zur Residenz des in Kaschan amtierenden Sultans, des Deruga, gehörig. Ausschnitt aus einer Radierung in demselben Werk des Olearius. Man vergleiche hiermit den in St. Petersburg einst errichteten Globus-Pavillon (Abb. 32).

Spolien, ergeben. Die Dachlosigkeit war es wohl, was die Zeitgenossen fremdartig anmutete.

Der Funktion nach am ehesten vergleichbar ist möglicherweise das Gartenschlößchen, das zur Residenz des in Kaschan lebenden Sultans, des Deruga, gehörte (Abb. 24). Olearius bildet es ab und schreibt dazu: „Zur Linken des Platzes ein schöner Garte des Königes mit zwey schönen Lusthäusern, deren eines an der Strassen, welches bey entwerffung der Stadt mit angedeutet, das ander aber mitten im Garten, so in einer absonderlichen Figur, abgebildet ist. Dieses hat tausend Thüren, es werden aber alle Fenster, durch welche man nach art der Thüren auff die offenen Gallerien oder Lustgänge gehen kan, mit gerechnet, vnd seynd allezeit, weil die Mauren über einer Ellen dicke, auff jegliche seite derselben, zwo Thüren gegen einander. In diesem Garten pflegt der König, wenn er dieser Orten angelanget, einzukehren." Die Vergleichbarkeit des Stichs mit der Friedrichsburg ist allerdings gering. Die Gestaltung des Äußeren zeigt keine Ähnlichkeit. Allenfalls darin, daß der den Globus bewegende Wasserlauf durch die Friedrichsburg geleitet wurde, mag Olearius einen Anklang an persische Bauweise erkannt haben. Aus Isfahan schreibt er: „Ein Bach... floß durch zwene Höfe, etliche Lusthäuser und Gemächer vnd vnter das Haupt Gebäw" hin. Auch von „Kalckschneiderey" berichtet er, von „erhabenen, vergüldeten vnd laxirtem Blumwerk vnd mehr kostbar als Künstlich gezieret". Zwar konnten auch die in der Friedrichsburg tätigen Stuckateure mit Blumenwerk aufwarten, und vielleicht taten sie es wirklich. Dann aber waren es die Blumen des norddeutschen Barock.

Der Helm des Turmes erhielt eine schmuckhafte, verspielt wirkende Form. Vielleicht galt sie als persisch? In dieser Einzelheit weichen die Darstellungen voneinander ab. Gewiß war das Gebilde sehr anfällig und erfuhr Abwandlungen, schließlich Reduktionen auf geläufige Helmformen (Abb. 25). Gewiß schloß sich dieser Aufbau an die mancherlei kleinen Baukörper an, die zumeist auf den Kuben persischer Häuser erscheinen. Oberhalb der Friedrichsburg hatte der kleine Aufbau eine klare Funktion: in ihm endete die Wendeltreppe, und man trat durch ihn auf die Dachfläche. Außerdem hört man von einem kleinen – allerdings winzigen – Kabinett, das er umschloß und von dem aus ein besonders schöner Rundblick sich ergab.

Es liegt nahe, Adam Olearius für den Architekten der Friedrichsburg zu halten. Die wechselvolle Bauarbeit, bei welcher Korrekturen eine beträchtliche Rolle gespielt zu haben scheinen, lassen mancherlei Vermutungen zu, so auch die, daß von Olearius gewünschte Motive sich letzten Endes nicht verwirklichen ließen. Die Bauausführung war Sache des Otto Jageteuffel, der als Maler an den Hof gekommen war, das Vertrauen des Herzogs offenbar in besonderem Maße gewann, zum Kammerdiener avancierte und 1650 auch Hofbaumeister wurde. Als solcher löste er den in Ungnade entlassenen Johannes Hecklauer ab. Die Regie beim Hausbau blieb deutlich getrennt von der beim Globusbau. Jageteuffels Einfluß auf die Gestalt des Hauses läßt sich nicht ermessen. Einzelheiten bleiben ohnehin unklar, z. B. diese: ein Tischler bezieht Bezahlung dafür, daß er eine „große Auslucht" anbrachte. Was mag das bedeuten? Es ist möglich, daß sich Hecklauer im Zusammenhang eben mit dem Bau der Friedrichsburg unbeliebt machte. Unklarheiten kommen auch dadurch auf, daß gleichzeitig an benachbarten Häusern gebaut wurde. Bei Danckwerth heißt es noch spätestens 1652, es werde gerade an der „kunstreichen Grotte" im Unterbau der Friedrichsburg gearbeitet; dann fährt er fort: „An der einen Seite dieses Bawes ist ein Pomerantzen Hauß in diesem Jahre gebawt und dürffte an der andern Seite ein Vogelhauß auffgeführet werden." Die Rechnungen berichten mancherlei von beiden Bauten,

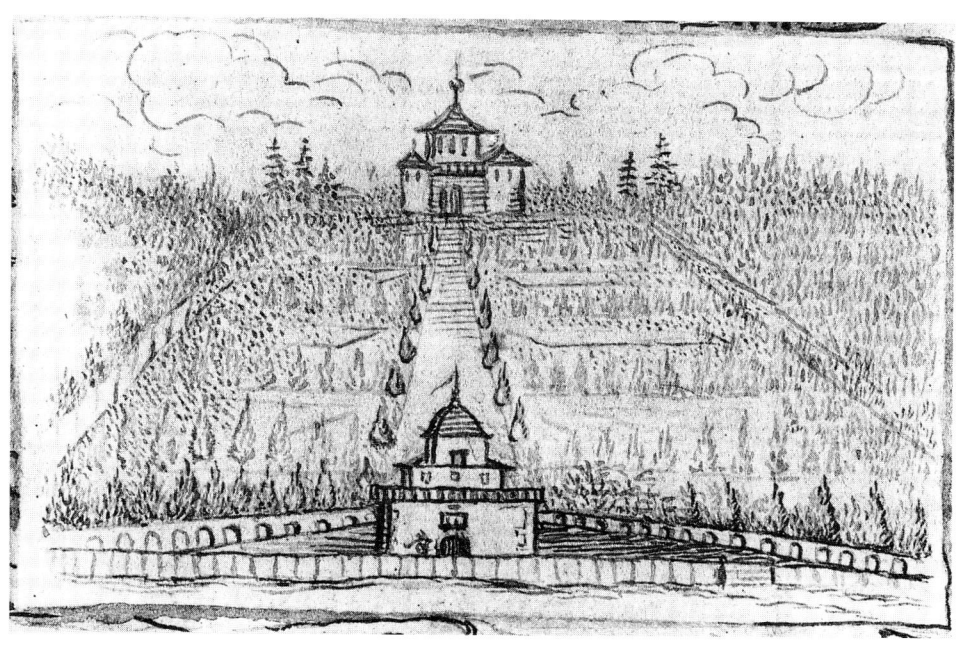

25 Totalansicht des Neuwerk von Süden, ohne den Globusgarten. Im Vordergrund die (ungenau erfaßte) Friedrichsburg. Bleistiftzeichnung von Friedrich Wilhelm von Koch in einem seiner Tagebücher, 1770er Jahre, Stadtarchiv Schleswig.

ohne daß sich ein klares Bild ergibt. Bis Christian Albrecht weiter oben in der von ihm erweiterten Parkanlage neue und gewiß größere Häuser dieser Zweckbestimmungen errichten ließ und Friedrichs Häuser abgebrochen werden konnten, wird also ein aus drei Bauten bestehender Häuserriegel zwischen dem Parterre und der ersten Geländestufe bestanden haben.

Dank Paul Zubeks Forschung ist die Persönlichkeit Otto Jageteuffels neuerdings deutlicher zu erkennen. Um 1600 wurde er in Parchim/Mecklenburg geboren. Schon 1639 kaufte ihm, „dem frembden Contrafeithern" Herzog Friedrich „ein gemahletes Stück" für 35 Rthlr ab. Sein Werdegang bis 1639 ist unbekannt. Herzog Friedrich fand Gefallen an seiner Kunst und bestellte bei ihm ein großes „Küchenstück" (Stilleben), später auch andere Arbeiten. Zubek hat die Frage aufgeworfen, ob es auch plastische Arbeiten gewesen sein können. Zumindest wurde er an solchen beteiligt. Als „Cammerdiener und Bauinspector" ab 1652 war Jageteuffel mit 300 Rthlr Jahresgehalt ein gemachter Mann. Was es mit dem „großen Bild" auf sich hatte, das er im Neuwerk zu malen hatte, bleibt offen. Mit Friedrichs Tod († 1659, Beisetzung 1660) endete auch Jageteuffels Tätigkeit auf Gottorf. Das gedruckte „Castrum doloris" wird das letzte Werk für seinen Herrn gewesen sein. Auf dem Freihof Kraklund bei Apenrade, einem Geschenk Friedrichs, auf das er sich zurückgezogen hatte, wird er 1667 gestorben sein.

Das optische Kabinett

Die flache Abdeckung der Friedrichsburg diente einem besonderen Zweck: auf dieser Plattform konnte Olearius seine Sternbeobachtungen durchführen. Daß er es wirklich tat, ist nicht ausdrücklich überliefert; aber alle Umstände deuten darauf hin. Observatorien einzurichten, hatten etliche Höfe der Zeit den Ehrgeiz. In Kassel war es schon 1560 geschehen, Paris folgte 1667, Greenwich 1675. Der Chronist Ulrich Petersen spricht von einer Camera obscura, die im flach gedeckten Obergeschoß der Friedrichsburg eingerichtet gewesen sei. Man muß wohl besser „Optisches Kabinett" sagen. Das für die Observation benötigte Gerät, so ist anzunehmen, war für gewöhnlich dort untergebracht und ließ sich leicht ein Stockwerk aufwärts schaffen. Spezifische bauliche Einrichtungen scheinen nicht entstanden zu sein. Allenfalls läßt sich eine Erwähnung einer „an dem großen Lusthauße uff dem newenwerck gefertigten großenn außlucht", für welche der Tischler Berenndt Krogmann im Oktober 1655 100 Taler und später weitere 80 Taler bezahlt bekam und die sich sonst am Bau schwer unterbringen läßt, auf diesen Raum beziehen. Nicht von ungefähr wird gerade in dieser Region des Bauwerks der großartige Ausblick nach Norden und Süden gepriesen.

Das Interesse am Fortbestehen dieses speziellen Raumes scheint bald nachgelassen zu haben, vielleicht weil es sich als schwierig erwies, ihn gegen eindringende Feuchtigkeit zu schützen. Das ursprünglich wohl ihm zugehörige Inventar taucht alsbald in den Listen der Gottorfer Kunstkammer auf, wie es andernorts von vornherein als zur Kunstkammer gehörig behandelt wurde. An optischen Instrumenten bestand auf Gottorf schon früh ein besonderes Interesse. Die Bezeichnungen in den Kunstkammerlisten, verfaßt von außerfachlichen Domestiken, sind indessen so unklar, daß viele Fragen offen bleiben. Wahrscheinlich wurde der Glasschneider Paul Schindler, als auch für optische Instrumente zuständig, schon 1633 aus Sachsen nach Gottorf berufen. Er scheint gemeinsam gewirkt zu haben z. B. mit dem Drechsler Johann, der 1654 mit 24 ß „wegen gefertigter Arbeitt an einem großen Tubo" entlohnt wurde. Ein Fernrohr entstand also, zu der Zeit noch eine bedeutsame Neuerung.

Die Kunstkammer-Listen nennen in bunter Folge Geräte, die einerseits zu optischen Spielereien gehört haben können, andererseits aber wohl auch dem Beobachtungswesen dienten. Wenn Gabriel Engels 1648 bezahlt bekommt „für unterschiedlich gemachte Perspektiv", so kann es sich sowohl um ein Beobachtungsinstrument als auch um ein perspektivisch gemaltes Bild, etwa ein Architekturbild, handeln. Im Jahr darauf bekommt derselbe „für abgehandelte Perspektif" den hohen Betrag von 120 Talern. Optische Geräte gehörten auch zum Bedarf der Landmessung wie der Artillerie.

Auch Globen figurieren in diesem Bestand, so zwei Himmelsgloben aus Messing, ferner ein hölzerner. Es können nur kleine, handliche Kugeln gewesen sein. Einen kleinen Globus aus Silber hatte Heinrich Platenschläger dem Herzog 1622 geliefert. 1694 werden „zween Globi fein illuminirt", genannt. Eindeutig ist der Zweck bei „ein[em] Stern Instrument, bey Nacht die Stunde zu finden". Dann wieder läßt uns der Text im Stich: „Ein schwartz Kästchen mit sehr raren Meßingen und silber Instrumenten, allerhandt Ahrten". Exakte Beobachtungen und die vermittels Linsen und Perspektiven herbeigeführten optischen Täuschungen stellten noch ein zusammenhängendes Feld des Gesichtssinns und das heißt auch: der Augenweide dar. Alledem war das optische Kabinett eingeräumt. Auch der große Globus war gedacht als quasiwissenschaftliche Demonstration für Laien wie auch zur „Ergötzung" der Hofgesellschaft und der Gäste des Hofes.

Will man eine Gruppe von Instrumenten aussondern, so besteht die Möglichkeit dazu am ehesten bei den Vorkehrungen für optische Spiele, wie man heute dergleichen Augentäuschungen nennen würde. Da gab es eine „Laterna Magica mit 18 Veränderungen" (so 1694). Ulrich Petersen bezieht die Bezeichnung Camera obscura auf das ganze Kabinett. In beiden Verwendungen hat sie ihren Sinn. Kennzeichnend für das Interesse des 17. Jahrhunderts sind Anamorphe. Das sind Tafeln, bemalt mit verzerrten Bildern, die ihr Geheimnis nur dann preisgeben, wenn man in ihre Mitte einen zylinderförmigen Spiegel setzt, in ihm erkennt man dann die verzerrte Figur, „richtig" gesehen. Ein Gottorfer Beispiel wies die Porträts Herzog Friedrichs III. und seiner Verwandten auf. Eine Vorstellung davon kann man sich bilden angesichts entsprechender Stücke, die im Nationalmuseum, Kopenhagen, bewahrt werden. Am 1. Februar 1640 quittierte Gabriel Engels, Hamburg, der den Hof sonst mit Gläsern belieferte, die Bezahlung für ein „prospektiuisch stücklyn mit den slindrum". Slindrum ist als Zylinder zu verstehen. Und nur seinetwegen wird der Glashändler und nicht der Maler das „Stücklyn" geliefert haben.

Was an Verzeichnissen des Kunstkammer-Inventars zufolge sonst noch in dem optischen Kabinett zum Durchsehen, Ansehen und Einsehen vorhanden war, verzeichnet, soweit feststellbar, der Katalog der Ausstellung „Gottorfer Kultur im Jahrhundert der Universitätsgründung", die 1965 im Kieler Schloß zu sehen war. Dieser Ausstellung, die nur einen Ausschnitt bieten konnte, fehlte am meisten der Gottorfer Globus. Seine Gegenwart hätte das Verbindende erkennbar gemacht, das die Einheit herstellte unter den disparaten Gegenständen: die Art des Sehens, die im 17. Jahrhundert alles unterwarf, vom Weltganzen bis in die nur durch das Mikroskop erkennbare Struktur der Materie.

Rings um die Friedrichsburg

Die Friedrichsburg vereinigte in sich drei wichtige Bestandteile von Olearius' Gesamtkonzept. An anderen Höfen waren sie mehr oder weniger eng mit der Kunstkammer verknüpft: Globus, optisches Kabinett und Observatorium. In gewissem Sinne ist auch der Park einzubeziehen in das Arsenal der frühneuzeitlichen Wissenschaft, nämlich insoweit, wie ihm mühsam beschaffte fremde Pflanzen Züge eines botanischen Gartens verliehen. Zudem schloß er auch fremde Tiere ein, nicht allein vielerlei Vögel, sondern z. B. außer Löwen, Tigern und Wölfen auch einen Kasuar, möglicherweise den am frühesten nach Europa gelangten. Schon zu Lebzeiten trug der Vogel mit sich die Anwartschaft der konservierbaren Teile seines Leibes auf einen Platz in der Kunstkammer des Hofes. Doch bleiben diese Zusammenhänge allzu sehr im Allgemeinen, wir verfolgen sie nicht weiter, so unmißverständlich sie anderseits die vom Globus so nachdrücklich verkörperte Idee der Kenntnis des Weltganzen illustrieren.

In der Nachbarschaft der Friedrichsburg befanden sich jedoch mehrere bemerkenswerte Bildwerke, die im Hinblick auf den Globus Beachtung verdienen.

Im März 1650 wurde der Maler Otto Jageteuffel mit 192 Rthls 32 ß dafür bezahlt, daß er das „große Bild auff dem newen Werck mit Kupfer belegt und sonsten gezieret" hatte. Es war eine Statue des Herkules, die diesen im Kampf mit der lernäischen Schlange darstellte. Cornelis van Mander, ein seinen Werken nach wohlbekannter Steinmetz und Bildhauer, tätig am Gottorfer Hof und zeitweilig auch Pächter der herzoglichen Ziegelei, hatte sie aus Sandstein gehauen. Ein englischer Besucher von 1706 berichtete, Herkules habe dreimal übernatürliche Größe gehabt mit seiner Keule, wie er die Schlange tötet; „allenthalben sprudelt Wasser heraus".

Die riesige, einem anderen Gewährsmann zufolge große Figur muß rascher zerfallen sein als das übrige, ebenfalls aus Sandstein gehauene Figurenwerk des Parks. Schon Johannes Mejer hatte vor 1650 in die Mitte des Neuwerker Teiches einen Sockel gezeichnet (Abb. 17 u. 18). Später trug er die Herkulesfigur. Er ist noch heute sichtbar. Einzelne Teile von der Figur wie die Wurzel der rechten Hand und die Stirnpartie konnten aus dem Schlamm des Teiches geborgen werden. Das Schleswig-Holsteinische Landesmuseum bewahrt sie im Schloß. Es scheint, daß die Figur im Laufe der Jahrhunderte regelrecht zerfallen ist, was die von Otto Jageteuffel aufgelegte Kupferhaut hatte verhindern sollen. Gewiß liegt die Erklärung dafür darin, daß die dem Herkules beigegebene Figur der lernäischen Schlange, der er die Köpfe abgeschlagen hat, aus jedem der kopflosen Hälse einen kräftigen Wasserstrahl dem Riesen entgegensandte. Das besagen die Berichte der Chronisten. Eine anschauliche Vorstellung von der Figur vermittelt am ehesten Lönborgs Vogelschauprospekt von 1732 (Abb. 20). Man erkennt die zum Schlag ausholende Gestalt des Herkules über sich windenden Schlangenleibern.

Was bedeutete an diesem Platz diese Figur? Schon in der griechischen Sage wuchs sich der antike Riese zu einer göttlichen Heldengesetalt aus. Renaissance und Barock vererbten sein Bild fort, mit Vorliebe dort, wo es Kraft und Macht zu demonstrieren galt. Mag es um die wahre physische Macht Friedrichs III. auch noch so fragwürdig bestellt gewesen sein – es gab keinen Grund, auf das Sinnbild des Herkules zu verzichten. Schließlich verkörperte Herkules die Macht auch in einem anderen Sinne, etwa im moralischen, doch auch im geistigen Sinn. Nur so kann Friedrich III. die Wahl der Figur an diesem exponierten Platz gemeint haben. Mit seinen Expeditionen hatte er sich vor anderen Fürsten seines Ranges entschieden hervorgetan; er hatte praktisches wie wissenschaftliches Interesse an fernen Weltbereichen bewiesen. Ebendas gelangte nun zu demonstrativer Darstellung im Herkules wie im „doppelten" Globus, beide in einem Maßstab, daß man sich die Kugel der Erde wie des Sternenhimmels dem Riesen aufgebürdet gut hätte vorstellen können.

Normalerweise ist es der Riese Atlas, der die Weltkugel trägt. Doch kennt die Bilderwelt des 17. Jahrhunderts auch ungezählte Belege dafür, daß sich statt seiner der Riese Herkules unter diese Last beugt. Jedenfalls besagten Weltkugel und Herkules dasselbe: Weltaufgeschlossenheit und tatkräftige Größe. Jede Standesperson und jeder Höfling der Zeit werden den Sinn der Gegenüberstellung verstanden haben. Sie hatte denselben Sinn wie eine Atlasfigur, die anstatt des Globus eine Uhr trug, beides natürlich in kleinerem Maßstab – auch diese Kombination ist dem Barock geläufig.

Johann Christian Jürgensen schrieb 1822: Der Globusgarten „ist gegen Norden mit einer Mauer im Halbzirkel umgeben, in welcher Nischen angebracht sind. In diesen standen noch am Ende des 18. Jahrhunderts zwölf sehr schön in Bley hohlgegossene Büsten der Herzöge von Schleswig, etwas über Lebensgröße, und, soviel ich nach einigen mir bekannten Bildnissen schließen darf, sehr ähnlich. Sie waren colorirt und mit vergoldeten Ketten und Ordenszeichen verziert; als aber eine dieser Büsten entwandt worden war, wurden bald darnach, ungefähr um 1770 [das Jahr, in welchem die Friedrichsburg abgerissen wurde] auch die übrigen aus dem Garten genom-

men und in einen Keller des Schlosses gestellt, wo sie sehr beschädigt und vor ein paar Jahren auf höheren Befehl zu Dachbley eingeschmolzen wurden."
Die Vogelschau-Ansicht Lönborgs von 1732 weist an beiden Flügeln der Mauer Flecken auf, welche die Nischen andeuten. Ein Engländer, der Gottorf zu Beginn des 18. Jahrhunderts besuchte, schrieb von einer Plattform in Gestalt eines Halbmondes (womit der Herkulesgarten gemeint ist) und rund umher Nischen mit den vergoldeten Büsten von Fürsten und Prinzen der Jetztzeit.

Halbrunde Wände, mit römischen Skulpturen bzw. mit antiken Herrscherbüsten in Nischen besetzt, sind im Barock, etwa als Ummantelung von Fürstengrabmälern nicht ungewöhnlich. Beispiele sind das Mal für Johann Moritz von Nassau-Siegen in Bergendael bei Kleve aus den 60er Jahren des 17. Jahrhunderts und das Mal für Friedrich Wilhelm I. von Preußen bei Sanssouci von 1744.

Waren es auf Gottorf wirklich nur Herzogsbüsten? Welche zwölf mögen es gewesen sein? Das Material Blei legt die Vermutung nahe, daß es sich um Nachgüsse steinerner Plastiken handelte. Es kommen die von Artus Quellinus und anderen stammenden stattlichen Büsten in der Fürstengruft des Schleswiger Domes in Betracht. Doch wie soll man ihre Zahl auf zwölf ergänzen? Waren etwa auch sächsische Verwandte dabei?

Vollends problematisch wird es, wenn man bedenkt, daß Herzog Christian Albrecht 1670 für je 10 Reichstaler das Stück nicht weniger als 120 „bleyern Brustbilder als der Romanischen und Osterischen Keyßer" beschaffte und zwar offensichtlich im Zusammenhang mit Bauarbeiten an der, wie es jetzt heißt, „Ovalmauer" auf dem Neuen Werk. Wie soll man sich das Arrangement vorstellen? Offenbar handelt es sich um eine Serie, die fertig zu beziehen war. Was sollte sie auf Gottorf besagen? Wollte Christian Albrecht etwa die Vorstellung propagieren, auch das Herzogtum Schleswig könnte einmal ein Bestandteil des Römischen Reiches deutscher Nation werden?

Es heißt in den Rechnungen zwar, die 120 Büsten seien „zum Neuenwercke" beschafft worden. Dann aber liefert der Tischler Caspar Eybe im selben Jahr „135 Postamenten von... Holtze", womit doch nur konsolenartige Stützen für die vielen, abermals vermehrten Kaiserbüsten gemeint sein können. Wenn sie nicht im Innern der Friedrichsburg angebracht werden sollten, dann vielleicht im Innern der Amalienburg, des neuen „Lusthauses", das Christian Albrecht weiter oben in Neuwerk aufführen ließ und nach seiner Gattin benannte.

Einerlei, was mit den vielen – gewiß kleinen – Kaiserbüsten geschah – schon ihre Beschaffung bedeutete Berufung auf eine größere als die herzogliche, territoriale Macht. Im Bereich des Politischen sprach die Galerie der Kaiser eine deutlichere Sprache als etwa die Herkulesfigur vor der Friedrichsburg. Ein künstlerisches Interesse wird nicht im Spiel gewesen sein. Im

26 Emblematische Darstellung eines Bienenstaates bzw. eines Bienenkorbes als Vorbild einer funktionierenden Republik bzw. eines Staatswesens. Kupferstich von Peter Inselburg 1613 nach einer als Mahnbild zu verstehenden Malerei von Paul Juvenell im Rathaus zu Nürnberg.

Vergleich zu den Kaiserbildern konnten die individuellen Porträts jedenfalls auch als Kunstwerke Ansprüche erheben, denen gegenüber die Kaiserbüsten, Massenware, die sie waren, das Nachsehen hatten.

Sollte bei der Anlage des Globus- oder Herkulesgartens eine Gesamtidee bestanden haben, so muß sie sich auch auf die Statuen beziehen lassen, mit denen der engere Bereich, also vornehmlich das das Halbrund-Parterre einschließende Terrain zwischen Herkulesteich und Abschlußmauer besetzt war. Dort hat das Landesamt für Denkmalpflege, Kiel, vor wenigen Jahren Statuentorsi aus dem Boden gefördert, die wohl der Erstausstattung angehören. Einer schriftlichen Quelle von 1708 zufolge kann es sich um den Zyklus von vier Figuren, welche die vier Lebensalter darstellen, handeln. Die gefundenen drei können sehr gut die drei letzten Stufen des Lebens bedeuten. Der „Greis" erscheint als alter Philosoph, als welchen ihn Künstler des Barock gern kennzeichnen. Er hält einen Menschenschädel in der Hand und tritt auf einen Globus. So hat man also auf Gottorf auch der allegorischen Bedeutung des Globus als Symbol der Vergänglichkeit Geltung verschafft. Und im Zyklus der Lebensalter, deren jedes besondere Motive miteinschließt, liegt ein deutlicher Anklang an das gelehrte Programm, das durch die Gottorfer Unternehmungen waltet.

Einen präziseren Sinn hatte der Bienenstock, genauer: das Gehäuse eines Bienenvolkes. Es bestand ebenfalls aus Glas und bot jedermann die Gelegenheit, das einträchtige, fleißige Treiben der „Stände" im Staat zu beachten: den Eifer der Bürger, für das Ganze des Bienenstaates zu schaffen, die Königin zu verehren und zu bedienen, kurz: einem sinnvoll geordneten Staatswesen sich einzugliedern. Zum Bestand der Sinnbilder, die man den Angehörigen eines Gemeinwesens als Mahnung zur geduldigen Hinnahme der Verhaltensregeln und zum tätigen Fleiß im Bilde vorzuhalten liebte, gehörte im Barock auch der Bienenkorb. Das zeigt recht deutlich das betreffende Motiv in der Ausmalung des Rathauses von Nürnberg. In der Buchausgabe mit Kupferstichen (Abb. 26), welche den ganzen Kreis der Darstellungen wiedergeben, ist der folgende Vers hinzugesetzt:

> In einem Stock viel Bienlein klein
> Machen den süssen Honigseim,
> In Einigkeit bleiben beysamm
> Und wird keines dem andern gram.
> Viel Burger, so sie friedsam seyn,
> Mit Nutz sind in eim Städtlein klein.

Der Chronist berichtet, man habe in Gottorf auf den gläsernen, vom Bienenvolk bewohnten Kasten nicht genügend achtgegeben, so daß es den ersten Winter nicht überlebt habe.

Die Kunstkammer

Die schon mehrfach genannte Kunstkammer entstand gleichzeitig mit dem großen Globus, der Friedrichsburg und den übrigen Einrichtungen im Neuwerk. Insgesamt orientierte sich das Leben im Schloß während der Regierungszeit Friedrichs III. mehr nach Norden, nämlich im Gebrauch und in der Bewertung der Schloßräume. Bislang galt als Staatsraum wohl der Saal im Südflügel, der lange Jahre als Königshalle bezeichnet worden ist, weil König Friedrich I. ihn errichtet haben wird. Nun erfuhren die Räume des ersten Obergeschosses im Nordflügel einen Gewölbeschmuck in Gestalt eigenartiger Stuckdekoration. Von ihnen aus konnte der Blick hinüberschweifen zum damals noch weiter entfernten Ufer des Burggrabens, wo sich das Neuwerk ausbreitet. Später, als Christian Albrecht das Neuwerk weiter hangaufwärts entwickelte, wurde diese Beziehung Schloß – Park noch wesentlich deutlicher.

Die „Königshalle" erhielt eine neue Funktion: in ihr und im westlich anschließenden Saal wurden Kunstkammer und Bibliothek eingerichtet. Die Bibliothek als Institution bestand bereits; für die Kunstkammer mußte der Bestand erst noch beschafft werden, soweit nicht schon vorhandene Gegenstände in sie eingehen sollten. Friedrich erwarb die zum Verkauf stehende Sammlung von Naturalien und völkerkundlichen Objekten, die der Arzt Bernhard ten Brocke (latinisiert: Paludanus) in jahrzehntelanger Sammelarbeit zustandegebracht hatte. Unter den vergleichbaren Sammlungen der Zeit nahm diese einen respektablen Platz ein. Sie umfaßte Gläser, Porzellan, Ethnographica aus allen Ländern einschließlich Amerikas, ferner goldene und silberne Kuriosa, Münzen und vieles mehr. Viele Gelehrte der Zeit suchten Enkhuizen, den Wohnort des Paludanus, um der Sammlung willen auf.

Im Jahr 1651 holte Olearius den Bestand nach Gottorf. Er wurde vermehrt um etliche kostbare Bilder, die Maria Elisabeth aus Dresden als Brautschatz mitgebracht hatte, darunter 13 Gemälde von Lukas Cranach. Auch die schon genannten „Straßburger Uhren" wurden der Kunstkammer einverleibt, ebenso Mitbringsel des Olearius aus Persien und Rußland und gelegentlich auftauchende Merkwürdigkeiten aus dem Bereich der Natur, soweit es möglich war, ihren Bestand zu bewahren.

Olearius, zum Verwalter auch dieser Sammlung eingesetzt, verfaßte und edierte 1666 eine Monographie, die jedoch nur einen Teil des ganzen erfaßte. Er radierte selbst eine Folge von Abbildungen und schrieb dazu erläuternde Texte, die viele Zitate von anderen Schriftstellern bis zurück zur Antike enthalten. Auch Naturwissenschaftler taten noch gut daran, wenn sie sich auf

klingende Namen beriefen, um die heute z. T. abenteuerlich klingenden Berichte über in Europa unbekannte Tiere glaubhaft erscheinen zu lassen.

Als Denkmäler am Entwicklungsweg, namentlich der Naturwissenschaften moderner Art, kann man die Kunstkammern der Spätrenaissance und des Frühbarock bezeichnen. Unter ihnen hat die Gottorfer viel Beachtung gefunden; zumeist allerdings stellte sich der Irrtum ein, Olearius habe sie erschöpfend beschrieben. Man erfaßt zwar den Geist, mit welchem er die Sammlung wissenschaftlich verwaltete; tatsächlich aber entgingen dieser seiner ersten Veröffentlichung zur Sache wesentliche Stücke, die auch auf das Gottorfer Hofwesen ein Licht werfen. Die bewahrten Inventarverzeichnisse, die bei einem Regierungswechsel regelmäßig angelegt werden mußten, sind verläßlicher, bleiben freilich jegliche kritische Beurteilung schuldig, weil sie zumeist von Domestiken geschrieben wurden. Die Verfasser verfuhren unterschiedlich, je nachdem, ob sie die gewiß in der Nachbarschaft untergebrachten Bestände der „Garderobe" (das sind die zur persönlichen Ausrüstung des Herzogs gehörenden Sachen, auch die privaten Handwaffen usw.) oder die Ausstattung der höfischen Festtafel oder die ebenfalls gesondert aufbewahrten Elfenbeingeräte mitberücksichtigten oder nicht. Bei der Vorführung des ausgewählten Stoffes geht Olearius von einer Gliederung nach den vier Elementen aus. Ein Scincus aegyptiacus, eine Eidechse, tritt für die Erde ein, eine Meernadel („ist ein gar schmaler viereckter Fisch") für das Wasser; ein Chamäleon bedeutet die Luft (weil es „aus der Luft lebt"); der Salamander „bedeutet das Feuer, so ferne auch ein Elementum Ignis ist". Diese letzte Wendung läßt vermuten, daß Olearius selbst schon nicht mehr viel von dem altehrwürdigen Einteilungsprinzip hält. Dann wieder gibt er ohne Einschränkung gänzlich unglaubhafte Berichte alter Autoren wieder. Auf Schritt und Tritt wird es deutlich: die im Entstehen begriffene Naturwissenschaft sucht sich den Weg zu ordnenden Vorstellungen. Zudem – das vor allem machen die Kunstkammern insgesamt deutlich – löst sie sich noch keineswegs von den Disziplinen geisteswissenschaftlicher Observanz, wie namentlich dort deutlich wird, wo man sich in den Kulturen fremder Länder bewegt.

Unmißverständlich aber ist der Drang zu einem das Ganze erfassenden Wissen, das der Welt gilt – das Wort in jeglichem Sinne zu verstehen. Zum Zeichen dessen behauptet im Barockzeitalter andernorts ein Globenpaar, ein Erd- und ein Himmelsglobus, im Mittelpunkt von Bibliothek und Kunstkammer seinen Platz. Auf Gottorf – das eben ist die bedeutsame Ausnahme – ist der Erdglobus draußen in Neuwerk stationiert. Auf ihn ist der zur Kunstkammer gehörige Himmelsglobus zu beziehen, eine Armillarsphäre, die alle Auskünfte erteilt, die der große Globus schuldig bleiben muß.

27 Titelkupfer zur 2. Auflage der „Gottorfischen Kunstkammer" von Adam Olearius, 1674, gestochen von H. von Hensberg.

Die Sphaera Copernicana

Die Sphaera Copernicana, die in der Kunstkammer aufgestellte Armillarsphäre, die das Sonnensystem nach dem kopernikanischen Modell darstellte (Abb. 11 u. 28), wies eine Besonderheit auf: als Bekrönung war ihr – und ist ihr auch heute noch – ein viel kleineres Modell der Welt nach der Vorstellung des Ptolomäus, ein geozentrisches Modell also, aufgesetzt, das Copernicus doch gründlich wissenschaftlich überwunden hatte (Abb. 29). Das hat Bedeutung für beide Gottorfer Globen: es demonstrierte als überwunden und nicht mehr gültig das alte Weltbild, das nur noch historisches Interesse beanspruchen konnte und machte damit also auch einen geschichtlichen Aspekt geltend. Das erscheint als sinnvoll vor allem im Hinblick auf den großen Globus, dessen Inneres ebenfalls nach den Vorstellungen des Ptolomäus angelegt ist – aus gutem Grund natürlich, weil es die augenfällige Situation des Menschen verdeutlichen wollte. Diesem Gedanken hatte man andere, bessere Kenntnisse bewußt hintan gestellt. Zur Rechtfertigung konnte man auf den „kleinen Globus" in der Kunstkammer verweisen. Niemand sollte sagen können, auf Gottorf wisse man nicht, daß das geozentrische Weltsystem keine Geltung mehr habe.

Die Sphaera Copernicana stand fest inmitten der Kunstkammer bzw. der Bibliothek, war in sich aber beweglich. Ein von Hans Schlemmer in den Fuß eingebautes Uhrwerk war so konstruiert, daß es, analog zum großen Globus, die Sphaeren in 24 Stunden soweit herumtrieb, wie es dem wirklichen Lauf der Sterne entsprach. Dieser bedeutsame Bezug zwischen den Gottorfer Globen, groß und klein, stellt die innere Zusammengehörigkeit der Kunstkammer im Schloß und dem Globusgarten mit der Friedrichsburg her.

In der Teilbeschreibung der Kunstkammer, die Olearius 1666 erscheinen ließ, steht der für das Verständnis wichtige Satz über das richtige Studium des Buchs der Welt: „Hierzu gehöret auch die Historische Wissenschafft der Antiquiteten, daß man weiß, was bey den Alten, so längst vor unsern Zeiten gelebet, passiret und im Gebrauch gewesen..." Und weiter heißt es in der Vorrede: „Wie solches an seinem Orte höchstlöblich gethan der weyland Durchläuchtigste Fürst und Herr Hertzog Friedrich zu Schleßwig Holstein, etc. so diese Kunst-Cammer, neben einem Antiquario [= einer Altertümersammlung], grossem zwiefachen Globo und Sphaera Copernicana, so herrliche Opera thaumaturgica [Wunderwerke] bey der Residentz Gottorff angerichtet."

Aus den zeitgenössischen Beschreibungen der Kopernikanischen Sphäre wähle ich diejenige aus, die Olearius in seiner „Holsteinischen Chronic" im unmittelbaren Anschluß an diejenige des Globus gegeben hat. Sie lautet so:

28 Teilansicht der Sphaera Copernicana (Gesamtansicht siehe S. 28) mit den ringförmigen Bahnen der Planeten (die im Gottorfer Globus fehlen) und den aus Messingblech ausgeschnittenen und von Otto Koch gravierten Sternbildern.

„Ist ein durchbrochener Globus von Messing, so von innen und aussen die Asterismos [Sternbilder] mit ihren Figuren darstellet..., dessen Diameter 4 Fuß, an welchen noch mehr Kunst als am grossen Globo zu sehen ist. Dann es stellet gar deutlich vor Augen des Copernici Meynung, daß nemblich die Sonne, als Centrum Universi mit den FixStern[en] stille stehe, die Erdkugel sich bewege, und in 24 Stunden sich herumb drehe; wobey auch die anderen Planeten in ihrer Ordnung mit zierlichen Figuren von Massiv Silber auff ihren Sphaeris stehen, jeglicher seinen Characterem [= das Planetensymbol] in der Hand haltend, just den Motum der natürlichen Planeten S.S.S. und ihre Periodos (auch das primum mobile allerdinges) nach gewissen Zeiten und Jahren absolviren." Dann folgt der historische Aspekt: „Oben auff selbiger Sphaera wird gezeiget des Ptolomaei Hypothesis, da die Erde stille stehet, und der Himmel herumb gehet, an welchem Wercklein die Sonne ihren Auff- und Niedergang mit behöriger Tageslänge, die horas Civiles, Babylonicas und Judaicas, wie auch die declinationem Solis zeiget. Solches alles, was in beyderley Hypothesibus begriffen, wird durch ein eintzig Räder- und Uhrwerck getrieben, und kan jeglichem corpori nach proportion in ihren Motibus genug thun" (S. 371 f.).

Aus solchen Texten eine Vorstellung des Gerätes zu gewinnen, dessen Durchmesser 1,25 m beträgt, ist schwer. Doch auch die Beschreibung aus der Feder eines Kundigen von heute flößt zwar Respekt vor der Kompliziertheit ein, kann der Anschauung aber wohl kaum aufhelfen. Ernst Zinner schreibt: „Innerhalb eines Gerüstes, bestehend aus dem Horizontring, befindet sich das gleiche Ringnetz zur Ekliptik, geschnitten von drei Breitenkreisen, die senkrecht stehen, da die Ekliptikachse senkrecht im Raum steht. An diesem Ringnetz sind der Äquatorring und verschiedene Sternbilder so angebracht, daß der Beschauer das Innere durch die Lücken zwischen den Sternbildern betrachten kann. Innen liegen um die Achse mit der Sonnenkugel die Reifen der sechs Planetenbahnen. Auf der Erdbahn steht auf einer kleinen Säule ein Ringnetz ähnlich dem Ekliptik-Ringnetz, in dessen Mitte die Erde an einer schieferstehenden Achse befestigt ist. Auf den andern Planetenbahnen steht je ein kleiner silberner Engel, der das Zeichen des Planeten in der Hand hält. Durch das Uhrwerk werden die Planeten in ihren Bahnen bewegt und die Erde um ihre Achse gedreht, wobei die Verlagerung der Erdachse im Verlauf von 25 000 Jahren berücksichtigt ist. Auf dem äußeren Ringnetz steht oben eine kleine Armillarsphäre. Die Uhr gibt Stunden und Viertelstunden an. Eine Mondbewegung war früher vorhanden." (Ernst Zinner 1956)

Die an sechs große Ringe gehefteten Sternbildfiguren sind aus Messingplatten ausgeschnitten. Ihrer nach innen gewandten Seite sind die Sterne in Gestalt von siebenstrahligen Stiftköpfen aufgesetzt, insgesamt ca. 1000 an der Zahl, nach sechs Größenklassen unterschieden. Die nach innen wie die nach außen gerichteten Seiten tragen ausgiebige Binnenzeichnung in Gravur (Abb. 15). Ihr Verfertiger, der auch als Kupferstecher bekannte Otto Koch, war nicht gerade ein großer Künstler. Als Vorlage diente ihm bei dieser wohl anspruchsvollsten Arbeit das 1603 erschienene Werk „Uranometria", ein Atlas der in Kupfer gestochenen Sternfiguren von Johannes Bayer, der auch bei der Ausmalung der Innenseite des großen Globus benutzt worden ist (Abb. 16). Die Figur des „Großen Hundes" trägt an seiner nach außen gewandten Seite am Halsband die Ligatur der Buchstaben FME, einem bekrönten Wappenschild aufgetragen (Abb. 30). Das ist zu lesen als Frau Maria Elisabeth – eine verschwiegene Huldigung an die Herzogin. Man darf aus ihr aber auch erschließen, daß die Herzogin starken Anteil nahm an den

Unternehmungen Friedrichs und des Olearius. Vielleicht auch darf man vom Sternbild des Hundes auf ihren Lieblingshund schließen, d. h. der Rasse nach.

Vom Sockel der Sphäre, in welchem sich das von Hans Schlemmer gebaute Antriebswerk verbirgt; ragt eine stählerne Achse durch die ganze Sphäre hindurch und betreibt die ihr aufgesetzte kleine Armillarsphäre, die das Weltbild des Ptolomäus wiedergibt mit der Erde als Mittelpunkt, dem großen Globus entsprechend. Diese Ergänzung macht also noch einmal die ideelle Einheit der Gottorfer Einrichtungen deutlich. Eine zylinderförmige Einrichtung darunter öffnet sich in sechsmonatlichem Wechsel zur Hälfte und gibt den Blick auf die Indikation über die Länge des Tages und Sonnenauf- und Niedergang frei. Alle Bewegungen gehen vom Uhrwerk im Sockel aus, das alle acht Tage aufgezogen werden muß.

Eine deutsche Inschrift, in einem Messingschild eingegraben, besagt:

> Dies Werck von mir selbst inventirt
> hab ich mit Gott wohl ausgeführt
> Andreas Bösch Büxenmacher
> von Limpurg
> Anno 1657

Olearius scheint demnach an diesem Werk nicht beteiligt gewesen zu sein, wenigstens nicht unmittelbar. In seiner „Holsteinischen Chronic" betont er jedoch, daß auch dieses Werk, genau wie der große Globus, unter seiner, des Hofmathematikers, „Inspection" errichtet worden sei (vgl. S. 31). Er äußerte dort auch die Meinung, an der Sphaera Copernicana sei mehr Kunst zu bewundern als am großen Globus. Dabei bleibt offen, ob er an das höchst komplizierte Räderwerk von Andreas Bösch dachte oder an die sinnige Ausstattung des Weltalls mit den Sternbildern. Daß das Werk auf Gottorf entstanden ist, bekunden viele Eintragungen im Rechnungsbuch der Rentekammer. Über zahlreiche Sternbilder wurde einzeln abgerechnet. Das muß Harald Mortensen gegenüber hervorgehoben werden, der meint, die Sphaera sei in Limburg entstanden.

Auch diesem Werk war ein bewegtes Schicksal beschieden, nachdem Peter der Große den Zusammenhang zwischen den beiden Globen offenbar nicht wahrgenommen hatte. Im Jahre 1757 wurde die Sphaera Copernicana mitsamt dem übrigen auf Gottorf noch verbliebenen Inhalt der Kunstkammer und sonstigem Inventar nach Kopenhagen gebracht. Sie gelangte hier in die königliche Kunstkammer. Wann sie aus dieser in Privathand überging, ist

Vorige Seite: 29 Das der Sphaera Copernicana aufgesetzte Weltmodell nach Ptolomäus. Darunter die Indikation der Mondphasen.

30 Ausschnitt aus der Sphaera Copernicana mit den Sternbildern Hase, Hund und Taube. Am Halsband des Hundes erkennbar das Monogramm der Herzogin FME (Frau Maria Elisabeth). Gravuren von Otto Koch.

unwichtig. Nach 1825 wurde sie Eigentum von „Professor Smiths Etablissement" in der Silkegade, Kopenhagen, das 1872 dem Instrumentenmacher J. E. A. Hansen gehörte. Dieser bot sie gelegentlich Industrieausstellungen, auf der sie gezeigt wurde, zum Kauf an. So konnte sie in öffentlichen Besitz zurückgelangen. Einige der Kochschen Figuren hatte sie inzwischen eingebüßt. Nach erneuter Wiederherstellung kann man sie heute noch im Nationalhistorischen Museum auf Schloß Frederiksborg besichtigen.

Die Bibliothek

Wie Astronomie und Uhrenbau so fand auch das wissenschaftliche Bücherwesen das lebhafte Interesse des Herzogs Johann Adolf. Im Jahre 1606 machte er aus den schon zur Zeit Herzog Adolfs und bis 1590 für den Hof beschafften Büchern die zum Hof hinzugehörige offizielle Institution einer Hofbibliothek. Mag sein, daß sie zu Beginn noch wenig Gesicht hatte. Wer mag sie unter welchen Gesichtspunkten zusammengetragen haben? Immerhin liegt eine Liste der Titel vor. Je stärker der Einfluß der akademisch gebildeten Räte bürgerlicher Herkunft auf Staatswesen und Regierungsgeschäfte wurde – eine bedeutsame Entwicklung des 17. Jahrhunderts –, um so mehr wuchs der Bedarf an juristischer und anderer Literatur. Als die Bibliotheken der säkularisierten Klöster, vor allem die Bordesholmer, an ihrem alten Standort keinen Sinn mehr hatten, nahm die Gottorfer Bibliothek sie auf. Es kamen also auch solche Bücher hinzu, die nicht unmittelbar praktische Bedeutung hatten.

Es mußte ein Kundiger zum Betreuer berufen werden. Zunächst, wohl provisorisch, fiel die Wahl auf den Destillator Elias Ziegler, der als Funktionär des Hofes sicher schon unter Eid stand und sich als zuverlässig erwiesen hatte. Er unterrichtete auch die Prinzessinnen im Lesen und Schreiben. Gewiß hatte er den Bestand zunächst nur äußerlich zu betreuen. Schon zwei Jahre später erhielt die Bibliothek in dem Juristen Matthaeus Chytraeus einen Leiter, von dem mehr zu erwarten war. Ihm fiel die Aufgabe zu, „uns eine feine Bibliothecam anzurichten", auch Ankäufe zu tätigen und einen Katalog zu erstellen.

Als Chytraeus 1610 Herzoglicher Rat wurde, übernahm die Bibliothek der aus Hamburg gekommene Heinrich Lindenbrog. Aus Hamburg kam auch der Philologe Johannes von Wowern, ein Gelehrter und Büchersammler, der 1607 Rat des Herzogs Johann Adolf geworden war und starken Einfluß auf den Gottorfer Hof gewann. Während einiger Jahre hatte er über Neuanschaffungen für die Bibliothek zu bestimmen.

Im Jahr 1649 trat Adam Olerius die Leitung der Hofbibliothek an und nannte sich seither mit besonderer Vorliebe Hofbibliothekar. William Norvin, der sich mit der Gottorfer Bibliothek eingehend befaßt hat, schrieb: „Die Verdienste des Olearius um die Bibliothek sind bedeutend, nicht nur wegen der Schätze, die er von seiner Reise [nach Rußland und Persien] mitgebracht hatte, und wegen des Eifers, mit dem er andere Neuerwerbungen betrieb, sondern, wie es scheint, auch wegen seiner Ordnungs- und Katalogisierungsarbeiten." Olearius behielt die Leitung bis zu seinem Tod 1671.

Unter den Nachfolgern ragt der Jurist Johann Nicolaus Pechlin hevor, der letzte, seit 1704 amtierende Gottorfer Bibliothekar. Ihm ist vor allem die Vollendung einer neuen Inventarisierung zu verdanken, eines systematischen Katalogs also, der auch die älteren Bestände berücksichtigt.

Nach der Vertreibung des herzoglichen Hofes von Gottorf überließ das dänische Regiment den überaus kostbaren Bestand, der nächst der Wolfenbüttler Bibliothek als der bedeutendste in Deutschland galt, dem allmählichen Verfall. Erst nachdem Christian VI. den dänischen Thron bestiegen hatte, erwachte in Kopenhagen das Bewußtsein vom Wert des Bestandes und von der Pflicht zu seiner Rettung. Es begann die Überführung von Archiv und Bibliothek nach Kopenhagen. Erst 1749 war sie abgeschlossen.

Neuerdings hat sich Wolfgang Merckens das Verdienst erworben, alle noch bewahrten Kataloge des Gottorfer Bestandes aufzuspüren. Es sind mehr, als zuvor bekannt waren. Mit ihrer Hilfe kann es gelingen, das einst Vorhandene, von der theologischen Literatur abgesehen, so gut wie vollständig auf dem Papier zu rekonstruieren; denn „von ihrer [der Bibliothek] Einrichtung und der Zusammensetzung des Bestandes... hat man bis heute keine Vorstellung" (W. Merckens 1982). Das gilt auch heute noch, 1990. Wer wird diese Sisyphusarbeit auf sich nehmen? Nur soviel ist auch jetzt erkennbar: die Gottorfer Bibliothek repräsentierte vollgültig das Wissen der Zeit. Anhand der Rentekammerrechnungen kann man mehr oder weniger deutlich die Ankaufspraxis wenigstens zeitweilig verfolgen, besonders in den ergiebigen 1650er Jahren, in denen Olearius offenbar große Möglichkeiten hatte, den Bestand zu mehren. Aber schon seit mindestens 1620 enthalten die Rechnungen eine besondere Rubrik „Ausgabe zu Bücher". Der jährlich aufgebrachte Gesamtbetrag stieg 1656 auf 514 Taler.

Erwerbungen besonderer Art waren Sammelankäufe. 1657 z. B. wurden aus Lübeck nicht näher bezeichnete Manuskripte für 300 Taler erworben. Auch Vermächtnisse kamen hinzu wie die der herzoglichen Räte Johannes von Wowern († 1612) und Andreas Ulcken († 1688). Leider ging die Privatbibliothek des Olearius – wenn es denn eine solche von Bedeutung gab – andere Wege, und auch der von ihm erstellte Katalog der Hofbibliothek, den zu kennen wichtig wäre, ist verschollen.

In unserem Zusammenhang erscheint als besonders bemerkenswert die Art der Aufstellung in der seit 1947 als Großraum wieder vorhandenen spätgotischen Halle im Erdgeschoß des Südflügels vom Schloß. Genauer: die Systematik der Aufstellung, die aus den Signaturen im Katalog erkennbar ist, steht in bemerkenswertem Einklang mit dem Raum. Die Gliederung folgt nicht der herkömmlichen Klassifizierung der wissenschaftlichen Fächer, sondern der Ordnung des gestirnten Himmels. Es sind die aus der Astronomie und dem Kalenderwesen bekannten Sternbilder und Planetenzeichen, vornehmlich die Zeichen der Tierkreisgestirne, insgesamt 19 an der Zahl. „Den in Regalen stehenden Buchgruppen waren die zwölf Sternbilder des Jahreszyklus, beginnend mit dem des Widders und endend mit dem der Fische, zugewiesen, den Büchern unter dem Tische (größere Werke, auch Mappen), dagegen die Zeichen von Sonne und Mond und den fünf Planeten Saturn, Jupiter, Mars, Venus und Merkur. Für die übrigbleibenden sieben Stellgruppen in den Regalen wurden die Sternbilder von Widder, Stier und Zwillingen in Verdoppelung und die römischen Ziffern I bis IV gebraucht" (W. Merckens). „Heute noch sieht man in den Gewölbezwickeln der Königshalle [so die Bezeichnung des Raumes bis in die 1980er Jahre], die einst die Bibliothek beherbergte, die bei der Restaurierung 1949 [richtiger: 1947] wieder freigelegten, in Gold gemalten Tierkreiszeichen, denen in der Regalbekrönung die figürlich gemalten Sternbilder entsprochen haben mögen" (dito).

Dabei ist zu bedenken: soweit sich erkennen läßt, war inmitten des Bibliotheksraumes die Sphaera Copernicana in gewisser Hinsicht das Gegenstück zum großen Globus draußen in der Friedrichsburg, aufgestellt. Das ungleiche Paar verkörperte sozusagen das oberste Ordnungsprinzip für das in den Tausenden von Büchern gehortete Wissen. Der kosmologische Gesichtspunkt schlug also als maßgebend auch hier durch und verband die Bibliothek auch mit der Kunstkammer.

Eine vergleichbare Bibliotheksordnung ist mir bisher nicht bekannt geworden. Doch finden sich ähnliche Ideen ausgedrückt in den Wand- und Gewölbemalereien dieser und jener Renaissance- und Barockbibliothek, wenn auch in ganz anderer Gestalt, in Mythen etwa oder in Allegorien. Doch schwerlich wird sich die das Ganze umfassende Idee bis in die Signaturen der Bücher hinein ausgeprägt haben.

Zur obligaten Ausstattung einer wissenschaftlichen Bibliothek gehörte seit alters her ein Globenpaar: Erd- und Himmelsglobus. Der letztere nahm oft die Gestalt einer Armillarsphäre, d.h. eines Systems ringförmiger Sternbahnen, an. Dies Paar von Geräten, für die Wissenschaft ganz unentbehrlich, stand auf Gottorf getrennt, die Armillarsphäre inmitten der Bibliothek (über ihr war eine Weltkarte montiert) und der Kunstkammer im Schloß selbst, der Erdglobus in der Dependance, der Friedrichsburg, und in enger Verbindung mit anderen, ebenfalls ausgelagerten Beständen der Kunstkammer, nämlich dem optischen Kabinett, der Sternwarte und den im Park ausgebreiteten Sammlungen wie botanischer und zoologischer Garten. Auch so wird demonstriert, daß eine so beschaffene Bibliothek ein Ganzes ist oder, wie Johann von Wowern von seinen eigenen Büchern schrieb, daß „alles auf einander korrespondiert".

Die Übergabe des Globus an Peter den Großen

Allerlei mehr oder weniger hochstehende Persönlichkeiten stellten sich als Gäste auf Gottorf ein, auch ungebetene. 1659 besuchte in Abwesenheit Friedrichs III. der Große Kurfürst die Residenz. Vier Tage hielt er sich hier auf. Im Globus sitzend äußerte er sein Bedauern darüber, daß er einen Fürsten, welcher derartige Kunstwerke veranlasse, bekriegen müsse. 1655 gab Ludwig VI. Landgraf von Hessen eine Gastrolle. Schließlich, 1713, kam Zar Peter der Große. Ein unbenannter Berichterstatter schrieb: „Den 6. Februar arrivirten Ihro Czaristische Majestät auf dem fürstlichen Residenzschloß Gottorf wie ingleichen Ihro Kgl. Majestät von Dänemark [Friedrich IV.], besahen auf dasigem Schloß die Gemächer, das neue Werk und den Jägerhof. Insonderheit hat Ihre Czaar. Majestät der allda befindliche große Globus so wohl gefallen, daß Sie sich auch dahinein gesetzt und fleißig betrachtet haben. Und in Wahrheit es meritiret dieses Kunststück admirirt zu werden, deswegen nicht umhin kann folgende kurze Beschreibung davon anhero zu setzen . . ." Es folgt eine Beschreibung, der offenbar eine des Olearius zugrunde liegt.

Zar Peter (Abb. 31) kam als Verbündeter und Waffengefährte Friedrichs IV. von Dänemark nach Schleswig, und das heißt: als Sieger. Noch während seines mehrtägigen Schleswiger Aufenthaltes wurde er Eigentümer des Globus. In der Literatur findet man alle denkbaren Nuancen in der Kennzeichnung dieser Aneignung, vom schlichten Befehl zum Abtransport als Beute bis zur Entgegennahme als Geschenk des dänischen Königs als des eigentlichen Eroberers wie schließlich auch als Gabe der Vormundschaftlichen Regierung, ja des Gottorfischen Herzogs selbst, den es zu dieser Zeit gar nicht gab. Es mag dahingestellt bleiben, welchen Rechtscharakter die Überlassung hatte. In Fontenelles Eloge zum Tod Peters heißt es über den Globus: „La curiosité du Czar en fut frappée, il le demanda au Roy de Dannemarck et fit venir exprès de Petersbourg une Frégate, qui l'y porta", zu deutsch: er versetzte den wißbegierigen Zaren in Erstaunen, er erbat ihn sich vom König von Dänemark und ließ von St. Petersburg eine Fregatte kommen, die ihn dorthin brachte. Dem Dänenkönig kann der Verzicht auf den Gottorfer Globus insofern nicht schwergefallen sein, als sein Vorgänger, Christian V., bereits 1697 ein ähnliches Instrument, einen von Erhard Weigel hergestellten Riesenglobus, einen sogenannten „Pancosmus", erworben hatte. Peter begehrte den Gottorfer Globus, „nachgehend gemachter difficultät ohnerachtet, daß nämlich seine elevatio poli nach dem holsteinischen Climate eingerichtet und erst müsse zerbrochen werden."

Es ist einzuräumen, daß Peter wie versessen war, seine geographischen und, wie man damals sagte, seine mathematischen Kenntnisse, auszuweiten. Als er England bereiste, sprach er bei den Hauptvertretern des Faches vor, suchte Geräte, auch Globen zu erwerben. Er besuchte die Kunstkammern in Amsterdam, Wien, Dresden und Paris. Auch später, als er Gottorf passiert hatte, setzte er seine Jagd nach Kenntnissen und Instrumenten in Frankreich fort und versetzte mit seinem Eifer seine Ratgeber in Verwunderung. Der Gottorfer Globus gelangte insofern an einen durchaus würdigen Eigentümer, mochte seinen Interessen auch die Vielseitigkeit des Gottorfer Geistes fehlen.

Peter veranlaßte sogleich den Transport des Gottorfer Globus nach St. Petersburg. Was in der zweiten Hälfte des 19. Jahrhunderts in Schleswig selbst als Erinnerung an sein Verschwinden aus dem Neuwerk lebendig geblieben war, berichtet C. N. Schnittger 1890: „Nach einer Tradition soll ein Müllergeselle aus der Wassermühle in St. Jürgen [bei Schleswig] sich anheischig gemacht haben, das Werk in Petersburg wieder in Gang zu setzen, auf der Überfahrt aber daran verzweifelt sein und sich ins Meer gestürzt haben. Der Globus soll sich noch in Petersburg befinden." Der Bericht vom Selbstmord des Werkmeisters, der an der Vollendung seines Auftrages verzweifelt, ist ein häufig vorkommendes Sagenmotiv, das sich vornehmlich mit Baumeistern verknüpft. Der Unwille der Schleswiger über den Verlust des Wunderwerks dürfte den Anlaß gegeben haben, das Odium dieser Fama dem Müllergesellen anzuhängen.

Neuerdings läßt sich der Transport der großen Kugel recht genau verfolgen. Nicht zutreffend ist die oben angeführte Mitteilung Fontenelles, Zar Peter habe eine Fregatte aus Petersburg zum Abholen herbeordert. Wohl aber stellte sich ein Leutnant Trawin mit einem am 10. Juli in Hamburg ausgefertigten Reskript des Administrators Christian August ein, in welchem der Hafeninspektor Kempe angewiesen wurde, den Globus auszuliefern, der Seiner Majestät, dem russischen Zaren, geschenkt worden sei. Vom 23. Oktober 1713 datiert der Seepaß, mit welchem die Galiot „Der halbe Mond" von der Reederei Christian und Otto Otte in Eckernförde von dort auslief „mit einem Globo, so Ihre hochfürstliche Durchlaucht zu Schleswig-Holstein zugehöret". Weiter heißt es: „nach Königsberg, alwo solche Güter geloset [= gelöscht] werden sollen", wie Christian Kock mitteilte. Christian Otte unterhielt auch sonst Beziehungen zum Gottorfer Hof; so bezog er z. B. 1714 gemeinsam mit dem herzoglichen Kellermeister Philipp Fischer

31 Peter der Große. Kupferstich von Joseph Wagner nach einem Gemälde von Jacopo Amigoni, nach 1721. Neben dem Zaren die Göttin Pallas Athene als Schirmherrin der Wissenschaften, zu seinen Füßen Heerpauken, eine Kanone, Gesetzbücher und ein Festungsgrundriß, im Hintergrund die von ihm aufgebaute Flotte, Ausdruck und Werkzeug der Öffnung nach Westen. Eutiner Landesbibliothek.

Wein, Branntwein und andere Ware aus Bordeaux. Daß ein Eckernförder und nicht ein in Schleswig beheimatetes Schiff den Auftrag erhielt, ist in der größeren Leistungsfähigkeit der Eckernfördern Reeder begründet. Auch während des 17. Jahrhunderts war der Eckernförder Hafen seiner größeren Tiefe wegen vom Hof bevorzugt worden; so hatte dort und nicht in Schleswig das schwedische Kriegsschiff angelegt, mit dem die Prinzessin Hedwig Eleonora 1654 in ihr Königsreich geholt wurde. Nun aber, 1713, kam das Schiff der Otteschen Reederei die Schlei herauf und legte in Schleswig an. Auf einer Schleife (Schlitten) wurde der Globus von Neuwerk nach der Anlegestelle befördert. Um ihn aus dem Globushaus herausholen zu können, hatte man dessen Südwand aufbrechen müssen.

Der Zimmergeselle Christoffer Dehio hatte den Auftrag erhalten, den Globustransport zu bewerkstelligen und zu begleiten. Die 1713 angetretene Seereise führte also nach Königsberg bzw. Pillau, nicht nach Reval, wie gelegentlich berichtet wird. Wenn es heißt, sie habe vier Jahre beansprucht, so ist auch das eine Sage; es waren „nur" drei. Nach Pillau beorderte der Zar im Januar 1715 einen russischen Offizier mit dem Auftrag, den Transport des Globus vermittels Schlitten und riesiger Walzen nach Riga zu überwachen. Das Unternehmen erforderte große Anstrengungen; an vielen Stellen mußten Bäume eigens gefällt werden, damit der Weg für „die große Maschine" breit genug würde. Von Riga ging es auf dem Seewege weiter nach St. Petersburg. Dehio begleitete den Transport bis ans Ziel.

In St. Petersburg wurde der Globus zunächst in einem für sich stehenden Haus untergebracht, das zuvor einen Elefanten beherbergt hatte. Es stand nahe dem Eingang zum alten Sommerpalais, an der Fontanka, in der Gegend des jetzigen Sommergartens und des Marsfeldes; seine genaue Lage ist indessen unbekannt. Dehio behielt die Aufsicht über ihn, der Zar hatte ihn zum „Globusmeister" ernannt.

Christoffer Dehio, dessen Name sich eng mit dem Globus verband, war 1669 in Holland geboren. Er wurde als Mechaniker und Zimmermann ausgebildet. Seit 1695 war er in Schleswig ansässig und im Mühlenfach tätig. Müller waren vielfach zugleich Mühlenbauer. Es sei daran erinnert, daß beim Bau des von Wasserkraft angetriebenen Globus-Mechanismus auch ein Müller daran beteiligt war, die großen hölzernen Räder zu montieren. Im Februar 1713 wurde Dehio gerufen, daß er dem Zaren den Globus vorführe. Er muß seine Sache gut gemacht haben, denn der Zar machte ihm offenbar sofort das Angebot einer Hofstellung, sofern er den Globus beim Transport nach St. Petersburg begleiten wolle. Dehio löste in Schleswig seinen Handwerksbetrieb auf und trat acht Monate später die Reise mit dem Globus an.

Peter der Große gab angeworbenen ausländischen Fachleuten gern frei erfundene Amtsbezeichnungen in deutscher Sprache mit der Endung -meister. Dehio waltete daher seines Amtes in St. Petersburg als „Zarischer

Globusmeister". Er tat es im wesentlichen wohl, indem er sein Objekt Schaulustigen vorführte und erläuterte, bald unterstützt von seinem Sohn, der das Schneiderhandwerk erlernt hatte. Mit der Aera Peters des Großen erlosch auch das Amt des Globusmeisters. Eine Notiz im Protokollbuch der Lollfußer Schützengilde (Lollfuß ist ein Stadtteil Schleswigs) besagt, Dehio sei mit dem Globus nach St. Petersburg gegangen, auch allda gestorben. Doch das ist nicht richtig: Christoffer Dehio verließ St. Petersburg und beschloß seine Tage als Windmüller in Reval.

Der Globus in St. Petersburg

Am 20. März 1717 traf der Globus in St. Petersburg ein. Was dies Ereignis für St. Petersburg und für die Planungen und Unternehmungen Peters bedeutete, sollte sich erst später zeigen, als man den Globus aus seiner ersten Notunterkunft befreit und der 1741 vorgestellten Akademie der Wissenschaften eingegliedert hatte. In dem für diese neu erstellten Gebäude erhielt er einen zentralen Platz zugewiesen. Helga Meyer-Harder hat überzeugend demonstriert, in welchem Sinne er als Exponent der von Peter eingerichteten Kunstkammer gelten konnte. Da der Antriebsmechanismus, wie er in Schleswig bestanden hatte, dort zurückgelassen worden war, mußte ein neuer Mechanismus hergestellt werden, der eine Bewegung vermittelst Handbetrieb vom Inneren aus unter den neuen Umständen ermöglichte, vermutlich mit Hilfe einer Kurbel. Dies war 1735 erfolgt.

Gleichzeitig war ein hölzerner begehbarer Horizont um ihn eingerichtet worden, welcher der Vorrichtung entsprochen haben wird, vielleicht sogar identisch war mit derjenigen, die schon in der Friedrichsburg bestand. „Die Herrichtungsarbeiten müssen recht aufwendig gewesen sein, wenn sich der Globus noch in jenem schlechten Zustand befand, in dem ihn der Präsident der Akademie, Blumentrost, am 8. November 1726 aus der Aufsicht des Globusmeisters Christoffer Dehio übernommen hatte" (Helga Meyer-Harder). Der Transport wird ihn strapaziert haben. Den Mittelteil des Kunstkammergebäudes bildete ein sechsgeschossiger, vom fünften Geschoß an hölzerner Turm. In den beiden Hauptgebäuden seitwärts von ihm waren die rasch angewachsenen Sammlungen ausgebreitet, und zwar in einer dem Geist der Zeit entsprechenden Systematik. Das Ganze bildete ein weit strafferes Bild des Kosmos, wie die Wissenschaft ihn sah, straffer als es auf Gottorf Gestalt gewonnen hatte, jedoch alles eher in einem dem modernen Museum schon angenäherten Sinn. Nun stand der Globus als Demonstrationsstück unter anderen Demonstrationsstücken, seiner Bedeutung gemäß zentral und immerhin noch beweglich, wenngleich nicht als Uhr wie geschildert. Die zentrale Rolle im Rahmen der St. Petersburger Kunstkammer hat Helga Meyer-Harder aus bester Kenntnis der einschlägigen russischen Literatur vorzüglich geschildert. Dennoch: er blieb in dieser neuen Funktion nur ein Schatten dessen, was er auf Gottorf einmal war, wo er als ausgezeichnetes Stück im Ganzen des Hofes das Zentrum im geistigen Sinne und die Bekrönung eines ausgebreiteten Arsenals bildete mit Kunstkammer und Bibliothek einerseits, Park, optischem Kabinett und Observatorium anderseits.

Daß man dem Globus nachgerade ein verändertes Verständnis entgegenbrachte, mag auch daraus hervorgehen, daß der Schwedenkönig Gustav III., der 1777 als Gast des Zarenhofes anwesend war, im Globus mit einem Frühstück bewirtet wurde. Man hätte wohl damals schon äußern mögen, was der Globenkenner Oswald Muris vom Gottorfer Globus 1961 schrieb: „Die Einrichtung war kurzweilig genug".

Am 5. Dezember 1747 beschädigte ein Brand den Turm des Kunstkammergebäudes; der Globus wurde zerstört. Nur das eiserne Gestänge blieb bewahrt und von der Kugelschale nur die herausnehmbare Kalotte der Einstiegsöffnung. Die Zarin Elisabeth ließ den Globus als erstes wiederherstellen. Das zeugt für seine Wertschätzung, doch auch dafür, daß das Rußland von damals fähige Techniker und Wissenschaftler besaß, die eine so schwierige Aufgabe bewältigen konnten. Die Außenseite wurde mit dem Kartenbild nach neuestem Stand der Kenntnis bemalt.

„Bautechnische Gründe mögen der äußere Anlaß gewesen sein, dem neuen, dem großen Globus der Akademie einen anderen Standort zuzuweisen – seine Aufstellung in einem eigens errichteten Globushaus [Abb. 32] auf dem Platz zwischen Akademie, Kollegien und Börse kündigte jedoch an, daß das Kunstkammerkonzept der Frühaufklärung als umfassende Zusammenschau aller Kenntnisse über den Menschen, den Kosmos und die Erde seine Verbindlichkeit zu verlieren begann. Aus dem ursprünglichen Zusammenhang gerissen, verselbständigt und aufwendig präsentiert, wurde die große Weltmaschine eine der vielen Sehenswürdigkeiten Petersburgs, die gesehen haben mußte, wer die Stadt besuchte" (Helga Meyer-Harder). Später wurde der Platz des Bauwerks anderweitig bebaut, der Pavillon selbst abgerissen. 1829 stellte man den Globus im Zoologischen Museum ab.

Im Zweiten Weltkrieg, als deutsche Truppen 1942 vor Leningrad lagen, spürte eine Kunstschutzgruppe den Gottorfer Globus im Park des Zarenschlosses Zarskoje Selo auf. Dort hatte man ihn 1901 in einem Pavillon abgestellt, aber auch dort zugänglich gehalten. Der Gruppe gehörte Dr. Helmut Perseke an, der bis zum Ausbruch des Krieges in der Dienststelle des Schleswig-Holsteinischen Landes-(damals Provinzial-)Konservators gearbeitet hatte. Auf Betreiben des damals in Riga als Reichskommissar amtierenden

32 Einstiges Globushaus in St. Petersburg. Nach seiner Wiederherstellung war der Globus vorübergehend in einem eigens für ihn errichteten Bau untergebracht. Es bleibe dahingestellt, ob die Architektur sich an persische Vorbilder des 17. Jahrhunderts anlehnte und sich insofern dem Schleswiger Beispiel anschloß.

Schleswig-Holsteinischen Partei-Gauleiters Hinrich Lohse wurde der Rücktransport des Globus in das Land seiner Entstehung betrieben. Die ganze Eisenbahnstrecke Leningrad–Lübeck bzw. Neustadt/Holstein wurde daraufhin geprüft, ob der Bretterverschlag mit dem Globus die Tunnel, Unterführungen usw. unbeschadet würde passieren können. Es wurde eigens ein Tieflader-Waggon konstruiert. Zum zweiten Mal legte der Globus als Kriegsbeute eine weite Reise zurück.

Angeblich bestand die Absicht, ihn im Park Neuwerk wieder aufzustellen. Das wird mit dem vor dem Krieg gehegten Plan zusammen gegangen haben, die ganze Gartenanlage wieder erstehen zu lassen (Nordische Rundschau vom 20. 7. 43). Vorerst aber brachte man den Globus nach Neustadt, wo er im Landeskrankenhaus Unterkunft fand. Dort schien er den Gefährdungen durch den Krieg entzogen zu sein. Das damals leerstehende „Weiße Haus" am Eingang zum Anstaltsgelände, an dem die Bahngleise vorbeiführten, wurde auf Veranlassung von Landeshauptmann Wilhelm Schow beansprucht. Eine Außenwand wurde aufgerissen und die Kugel, von ihrer Verpackung befreit, eingelassen. „Hier lag nun das Wunderwerk", schreibt der damals zuständige Verwaltungsmann H. Schmidt, „von großen Zahnrädern, Maschinenteilen und Kisten (die zu ihm gehörten) umgeben."

Nach dem Ende des Krieges, 1946, erfolgte die Beschlagnahme durch Offiziere der britischen Besatzungsmacht. Ein drittes Mal sollte der Globus eine Reise antreten, zurück nach Leningrad. Zunächst wurde er auf Tiefladern transportiert und in der Werkhalle der Lübecker Gasanstalt aufgestellt bzw. an Seilen aufgehängt. Glücklicherweise wurde er dort mehrfach fotografiert (Abb. 1). Ab Montag, dem 24. 6. 46, wurde der Zivilbevölkerung Zugang zur Besichtigung gewährt, „auf eine Woche in der Zeit von 10 bis 12 und 15 bis 17 Uhr" (Lübecker Freie Presse vom 22. 6. 1946). Zahlreiche Interessenten, von der Presse über die Bedeutung des Gegenstandes unterrichtet, stellten sich ein. Die Zugänglichkeit wurde bis zum 7. 7. verlängert. Doch noch im Juli erfolgte der Transport nach Hamburg und anschließend weiter per Schiff nach Leningrad.

Anfang August meldete Tass, der Globus sei in Leningrad eingetroffen und vorerst im Winterpalais untergebracht worden. Seitdem haben sich erneut russische Fachleute, insbesondere Restauratoren, seiner angenommen. Abermals befand er sich in sehr schlechtem Zustand. Es wurden zahlreiche Löcher festgestellt, die von Schüssen herrührten. Die Arbeiten nahmen viele Jahre in Anspruch, sind aber, wie man hört, mittlerweile abgeschlossen. Wie im 18. Jahrhundert so soll der Globus im Turm des Kunstkammerbaus wieder einen Mittelpunkt bilden, umgeben von Dokumenten seiner Geschichte und von Zeugnissen der wissenschaftlichen Welt seiner Entstehungszeit. Dabei, so heißt es, wird auch seine engere Heimat, der Gottorfer Fürstenhof, nicht verschwiegen. Mehr und mehr finden auch deutsche Reisende den Weg zu ihm und erweisen ihm ihre Reverenz.

Über die Berechtigung dieses zweiten Transports ostwärts braucht man nicht zu streiten. So, wie der Globus heute dasteht, ist das, was man sieht, von russischen Händen gemacht. Alle Beschriftung ist kyrillisch. Gleichwohl ist er in seiner heutigen Situation, d. h. ohne den Umkreis wie auf Gottorf, dessen Bekrönung er einmal war, nur noch ein Schatten seiner selbst. Seinen einstigen Glanz würde er auch hiesigen Orts nicht zurückgewinnen können.

Schluß

Es ist erstaunlich, was alles im Jahr 1650 und danach auf Gottorf in Bewegung geriet. Auch auf anderen Gebieten des geistigen Lebens als den hier berührten regten sich neue Initiativen. Es prägte sich die vornehmlich von Friedrich III. bestimmte, doch auch von seiner Frau Maria Elisabeth mitinspirierte Periode des Gottorfer Hoflebens aus. Man kann sie auch als die mittlere oder die sächsisch geprägte bezeichnen. Es ging ihr unter Herzog Johann Adolf und seiner Mutter Christine eine von Hessen-Kassel stark mitbestimmte Periode voraus, die unter anderem vom Interesse am Uhrenwesen gekennzeichnet ist, und eine von Schweden her beeinflußte sollte ihr folgen. Das bewirkte die Heirat von Friedrichs Tochter Hedwig Eleonora mit Karl Gustav König von Schweden.

Was ist heute noch an Ort und Stelle zu sehen? Erkennbar bleibt die Gesamtsituation: das Schloß auf der Insel, wie es sich nach gründlichen baulichen Veränderungen um 1700 darbietet. Die Befestigungswälle sind geschleift; aber der Burgsee dehnt sich westlich des Schlosses noch in alter Länge. Nördlich freilich, wo er im 17. Jahrhundert auch das Bild bestimmte, ist er stark verlandet. Die Allee führt auf den Rest der Wasserkunst, die zu Christian Albrechts Zeit der Bildhauer Theodor Allers erneuerte. Westlich dieser Anlage blieb vom Herkulesteich wenigstens ein Teil, etwa die südliche Hälfte bewahrt; und auch der einstige Standort der Herkulesfigur ist noch erkennbar. Die Stützmauer, in deren Ausbuchtung das Globushaus stand, ist in Resten noch aufrecht. Die Friedrichsburg selbst ist völlig verschwunden. Das weiter nördlich sich dehnende Gelände ist in der Höhenstaffelung seiner von Christian Albrecht angelegten Terrassen immerhin noch erkennbar. Es soll in Zukunft durch pflegliche Behandlung an Deutlichkeit gewinnen, so daß der Passant auf die Besonderheit der einstigen Anlagen aufmerksam wird.

Man kann die Wehmut verstehen, mit der die Schleswiger Bürger im 18. Jahrhundert nach und nach die alte Herrlichkeit zu Bruch gehen sahen. Die dänischen Könige als die Herren des Schlosses hatten wenig Interesse daran, den Zustand aufrecht zu erhalten. Wenn einmal einer von ihnen das Schloß besuchte und für wenige Tage dort Hof hielt, wurde zuvor hergerichtet, was sich auf mehr oder weniger einfache Weise herrichten ließ. Doch dem Verfall insgesamt konnte auf diese Weise nicht Einhalt geboten werden. Der große Globus war als erster verloren. Verkauft wurde die Herkulesfigur, erzählten die Bewohner der Stadt dem Offizier Friedrich Wilhelm Koch, der sich in Schleswig niederließ. Das traf zwar nicht zu; die Figur zerfiel. Aber es kennzeichnet die Einstellung der Leute. Verkauft seien die Orangenbäume, die Materialien des Globushauses und der übrigen Parkgebäude – alles verkauft! Auch das in einen Eiskeller verwandelte einstige Ringelhaus mit dem Karussell – alles verkauft. Immerhin muß Koch auch noch einiges aufrecht gesehen haben, sonst hätte er wohl kaum eine Zeichnung von Neuwerk, von Süden gesehen, anfertigen können (Abb. 25). Allerdings meint man in seiner Zeichnung auch die Stellen zu erkennen, wo er sich auf unsichere Angaben von Zeitgenossen verlassen mußte.

Für die historische Forschung bleibt es eine sehr ernste Aufgabe, die Kenntnis der in diesem Bande skizzierten Zusammenhänge weiter zu klären und zu vertiefen. Die Erscheinungen, die sich namentlich im 17. Jahrhundert zum Gesamtbild der „Gottorfer Kultur" verdichten, verlangen noch ausgedehnte Studien. Auch die Nachwirkungen und Folgeerscheinungen, z. B. das Fortleben des im Gottorfer Globus erstmals verwirklichten Gedankens des kugelförmigen Hauses und der Idee des Planetariums, seien weiteren Studien überlassen. Man sollte untersuchen, in welchem Maße sich der Gottorfer Globus nach 1713 der Bekanntschaft in Westeuropa erfreute. Die Zitate des Olearius setzen sich im Schrifttum stetig fort. Reichten sie aus, sich eine reale Vorstellung zu bilden? Wie weit wurden sie bestätigt oder ergänzt durch Reiseberichte aus St. Petersburg?

Was die „Gottorfer Kultur" angeht, so bleiben, soll ein zutreffendes Gesamtbild entstehen, weite Gebiete der Wissenschaft, so bleiben namentlich Dichtung und Musik zu ergänzen. Eine kleine Probe aus der Feder des Adam Olearius macht Zusammenhänge verständlich, welche die Menschen des 17. Jahrhunderts stark bewegten. Globen erscheinen immer wieder auf den so beliebten Stilleben-Bildern; sie verkörpern das Vergehen der Zeit, die Vergänglichkeit. Zu dem „Ballett", das zum Friedensfest auf Gottorf 1649 aufgeführt wurde, dichtete er:

> Gleich wie der Angelstern vnd Mittelpunkt im Ringe
> So steht alleine fest das Centrum aller Dinge,
> Vmb welches, was da ist, verändert seinen Stand
> Vnd zwar je mehr es wird vom selben abgewand

(Es folgt ein Kupferstich: ein Mensch bewegt eine Kugel durch das Gelände)

> Reminima tectus volvor
>
> Man kan die runden Sachen
> Gar leichtlich lauffend machen
>
> Die Natur hat alle Dinge
> Eingesetzt in Cirkelringe.
>
> Drumb bleibt nichts an seinem Ort,
> Es muß immer weiter fort. ...

Quellen und Literatur

Andresen, Ludwig und Walter *Stephan:* Beiträge zur Geschichte der Gottorfer Hof- und Staatsverwaltung von 1544-1659, 2 Bände, Kiel 1928.
Armao, E.: Die drei größten Globen der Welt, in: Der Globusfreund 2, 1953, S. 11 f.
Bagrow, L.: The Gottorp Globe in Russia, in: Imago mundi VI, 1949, S. 95 f.
Baillie, G. H.: Watchmakers and Clockmakers of the World, 2. Aufl. London 1947.
Beekman, G. W. E.: Der Himmel auf Erden. Der lange Weg vom Riesenglobus zum Projektionsplanetarium, in: Sterne und Weltraum vom 24. Juni 1985, S. 310-314.
Bergholz, Friedrich Wilhelm von: Tagebuch, welches er in Rußland von 1721 bis 1725 als holsteinischer Kammerjunker geführt hat, in: Anton Friedrich Büsching: Magazin für die neue Historie und Geographie, 19. Teil, Halle 1785, S. 3 ff.
Bering-Liisberg, H. C.: Lidt af Urets Historie, in: Tidsskrift for Kunstindustri 1895, S. 107-126
Bering-Liisberg, H. C.: Urmagere og Ure i Danmark, København 1908.
Bertele, Hans von: The Rolling-Ball Time-Standard, o.O.u.J.
Bertele, Hans von: Early Clocks in Denmark, in: Horological Journal 96, 1954, S. 784-796; 97, 1955, S. 26-30, 172-176, 244-247, 383 f.
Bertele, Hans von: Jost Bürgi, der zweite Archimedes, 1. Teil, in: Journal suisse d'horlogerie 1956.
Bertele, Hans von: Jost Bürgis Beitrag zur Formentwicklung der Uhren, in: Jahrbuch der Kunsthistorischen Sammlungen in Wien 51, 1955, S. 169-188.
Bertele, Hans von: Globes and Spheres, Lausanne 1961.
Block, Wolfram: Die Kreuzschlag-Uhr von Radeloff aus dem Jahre 1660, in: Die Uhr, April 1962.
Boesen, Gudmund: Nogle Ure paa Rosenborg, in: Urmageren (Kopenhagen) 31, 1937, S. 6-19.
Bonacker, Wilhelm: Globenmacher aller Zeiten, in: Der Globenfreund 5, 1956, S. 17-28.
Bonacker, Wilhelm: Das Schrifttum zur Globenkunde, Leiden 1960.
Bonacker, Wilhelm: Ein Streifzug durch die Welt der Globen, in: Der Globusfreund 9, 1960, S. 13-36, bes. S. 23 u. 28.
Büsching, Anton Friedrich: Neue Erdbeschreibung; 7. Aufl. Hamburg 1777, Theil, S. 276 (?).
Drach, K. A. von: Die zu Marburg im Mathematisch-physikalischen Institut befindliche Globusuhr Wilhelm IV. von Hessen, Marburg 1894.
Dreier, Franz Adrian: Ein Blick in die Kunst- und Wunderkammern der Spätrenaissance und des Barock, in: Die Welt in Händen. Globus und Karte als Modell von Erde und Raum. Ausstellungskatalog der Staatsbibliothek Preußischer Kulturbesitz, Berlin 1989, S. 63-67.
Fauser, Alois: Die Welt in Händen. Kurze Kulturgeschichte des Globus, Stuttgart 1967 (Die 2. Auflage erschien 1973 mit dem Titel: Kulturgeschichte des Globus), S. 28.
Fiorini, Erd- und Himmelsgloben, Leipzig, S. 83.
Hansen, J. E. A.: Nogle Oplysninger om de to Gottorpske Himmelsglober, in: Industriforeningens Maanedsskrift 1879, S. 86-99 und 161 f. (erschien auch als selbständige Schrift, København 1879).
Haseloff, Arthur: Kunst und Kunstforschung an der Universität Kiel im 17. Jahrhundert, in: Festschrift zum 275jährigen Bestehen der Christians-Albrechts-Universität Kiel, herausg. von P. Rittsbusch u. a., Leipzig 1940, S. 403-446.
Hasenfratz, K. (Dasypodius): Warhafftige Außlegung ... des Astronomischen Uhrwerks u. s. w., Straßburg 1580.
Hoff, Arne: Gottorpmesteren, in: Svenska vapenhistoriska sälskapets skrifter. Nya serien V, Stockholm 1957, S. 53-74 (betr. Heinrich Habrechts Gewehr-Produktion).
Haupt, Richard, Bau- und Kunstdenkmäler der Provinz Schleswig-Holstein, Kiel 1889.
Holst, Niels von: Peter der Große und der Gottorfer Globus, in: Nordelbingen 44, 1975, S. 120-126.
Holst, Niels von: Christopher de Hio. Globusmeister spanischer Abkunft im Dienst Peters des Großen, in: Jahrbuch des baltischen Deutschtums XXIII, 1976, S. 114-120.
Jampolskaja, Neonika: Der Globus von Gottorf, in: Sowjetunion heute, April 1988 (Das Wunder von Gottorf), Nr. 4. S. 2 f.
Jensen, Christian: der Gottorfer Globus in der Gartenanlage bei Neuwerk, in: Schleswiger Nachrichten vom 24. 9. 1925 (?).
Josephson, Ragnar: Nicodemus Tessin d. y., 2 Bände, Stockholm 1930 und 1931.
Jürgensen, Johann Christian: Nicolaus Nelduader's Chronik der Stadt Schleswig, Schleswig 1822.
Kellerbenz, H.: Die Schicksale des Gottorfer Schlosses in der Zeit der dänisch-gottorfischen Auseinandersetzungen (1658-1720), in: Zeitschr. d. Gesellsch. f. Schleswig-Holsteinische Geschichte 69, 1941, S. 63-93.
Kellenbenz, Hermann: Schleswig in der Gottorfer Zeit 1544-1711, Schleswig 1985, S. 207.
Koch, Heimatbuch Neustadt (Holstein), S. 126 (betr. Aufenthalt des Globus in Neustadt).
Kock, Christian: Seehandel und Schiffahrt in Eckernförde, in: Jahrbuch der Heimatgemeinschaft des Kreises Eckernförde IX, 1951, bes. S. 50 f. (betr.: Einschiffung des Globus 1713).
Kock, Christian: Die Blütezeit des Eckernförder Seehandels 18. Jahrhundert, in: Aus Schleswig-Holsteins

Geschichte und Gegenwart, Neumünster 1950, S. 92 ff. (betr.: Einschiffung des Globus 1713).
Lentz, Dietrich: „Kulturgeschichte zum Anfassen" oder „Wie drei Schleswiger im Mai 1982 den Gottorfer Globus in Leningrad fanden", in: Beiträge zur Schleswiger Stadtgeschichte 27, 1982, S. 55–60.
Lentz, Dietrich: Nachlese zum Beitrag über den Besuch beim Gottorfer Globus, in: Beiträge zur Schleswiger Stadtgeschichte 28, 1984, S. 69–74.
Lohmeier, Dieter: Adam Olearius. Leben und Werk. Nachwort in: A. O., Vermehrte Newe Reisebeschreibung u. s. w. Neudruck, Tübingen 1971. Dort Zitate neuerer Literatur über A. O.
Mackensen, Die erste Sternwarte Europas mit ihren Instrumenten und Uhren. 400 Jahre Jost Bürgi in Kassel, München 1979.
Matvejeva, T.: Alte Globen in der Sowjetunion, in: Der Globusfreund 21/23, 1972, S. 231 ff.
Merckens, Wolfgang: Die Kataloge der Gottorfer Hofbibliothek und die Sammlung von Wowern, in: Zeitschrift d. Gesellschaft f. Schleswig-Holsteinische Geschichte 107, 1982, S. 53–65.
Meyer-Harder, Helga: Theatrum mundi. Die Petersburger Kunstkammer, in: Kulturbeziehungen in Mittel- und Osteuropa im 18. und 19. Jahrhundert, hrsg. von W. Kessler, u. a., Berlin 1982, S. 27–40
Mortensen, H.: „Der Gottorfer Globus" auf Schloß Frederiksborg, in: Der Globusfreund 4, 1955, S. 16.
Polley, Rainer: Freundschaftliche Ermahnungen. Landgraf Wilhelm IV. von Hessen-Kassel an Herzog Friedrich II. von Schleswig-Holstein-Gottorf; in: Zeitschr. d. Gesellsch. f. Schleswig-Holsteinische Geschichte 107, 1982, S. 37–52.
Olearius, Adam: Kurtzer Begriff einer Holsteinischen Chronik, Schleswig 1663.
Olearius, Adam: Vermehrte Newe Beschreibung der Muscowitischen und Persianischen Reise, Schleswig 1656.
Paarmann, Michael: Gottorfer Gartenkunst, der Alte Garten. Diss. phil. Kiel 1986.
Paarmann, Michael: Denkmalpflege im Gottorfer Neuwerk-Garten, in: Jahrbuch des Schleswig-Holsteinischen Landesmuseums Schloß Gottorf NF Bd. 1, 1986/87, S. 19–28.
Petersen, Ernst: Der Gottorfer Riesenglobus und sein Schicksal, in: Schleswiger Nachrichten, Heimatbeilage vom 12. 2. 1952.
Philippsen, Heinrich: Miniaturbilder aus Schleswigs Geschichte, in: Schleswiger Nachrichten 1933. Darunter: Vom Herkulesteich. Neuwerk. Alt-Gottorf und seine Umgebung.
Ramming, Martin: A description of the Gottorp Globe in a Japanese manuscript, in: Imago mundi IX., Leiden o. J., S. 103–105.
Reinhartz, Dennis: Lomonosov's Big Globe, in: Mapline 1981 (Nr. 23); derselbe: Lomonosov's Big Globe or Was It? ebendort 1982, S. 5 (Irrige Zuschreibung teilweise korrigiert).
Rohde, A.: Die beiden Gottorfer Globen, in: Die Uhrmacherkunst 51, 1926, S. 651–654.
Sach, August: Neuere Geschichte des Schlosses Gottorf, Schleswig 1866, S. 14.
Schlee, Ernst: Das Schloß Gottorf, Flensburg 1965.
Schlee, Ernst, Gottorfer Globus in: ars viva, schleswig '62 (Kulturkreis im Bundesverband der deutschen Industrie, zur Tagung in Schleswig 1962), S. 2–13.
Schlee, Ernst: Gottorf und die Meister des Uhrenbaus, in: Flensburger Tageblatt vom 15. und 29. 10. 1954.
Schlee, Ernst: Uhrmacher und Uhren am Gottorfer Herzogshof, in: Die Uhr 1956, Nr. 17, S. 34–36.
Schlee, Ernst: Gottorfer Kultur im Jahrhundert der Universitätsgründung. Ausstellungskatalog des Schleswig-Holsteinischen Landesmuseums. Die Ausstellung fand 1665 in Kiel statt.
Schlee, Ernst: Die Herkunft des Kugelhauses und der Gottorfer Globus, in: Nordelbingen 20, 1952, S. 72–89.
Schlee, Ernst: Die Kunstkammer der Gottorper Herzöge, in: Kunst in Schleswig-Holstein 1953, S. 195 f.
Schlee, Ernst: Der Gottorfer Riesenglobus, in: Der Globusfreund 25–27, Wien 1978, S. 195–202.
Schmidt, Hans: Vor 25 Jahren ging der „Gottorfer Globus" zum zweitenmal nach Rußland, in: Schleswig-Holstein (Zeitschrift) 1972, S. 114–116.
Schmidt, Robert: Schloß Gottorp. Ein nordischer Fürstensitz, Leipzig 1887.
Stevenson, Edvard Luther: Terrestrial and Celestial Globes, vol II., New Haven 1921, S. 72–75.
Varentius, B.: Geographia generalis, Cambridge 1672, III, chap. XXXII.
Waagepetersen, Gamle Ure i Danmark. Kopenhagen 1964.
Weidler, J. F.: Historia astronomiae, Wittenberg 1741, S. 541.
Weigel, E.: Kurtze Beschreibung der verbesserten Himmels- und Erdgloben samt dero nützlichen Gebrauch usw., Jena 1681.
Weigel, E.: Descriptio novorum globorum, coelestis et terrestris, Jena 1712.
Weigel, E.: Cosmologia nucleum astronomiae et geographiae, ut et usum globorum . . . tradens, Jena 1680.
Werner, H.: Nachbildungen des Sternenhimmels, in: Sternenwelt 2, 1950, S. 176–179.
Wolke, Willi: Der Neuwerkgarten, in: Kunst in Schleswig-Holstein 10, 1960, S. 188–193.
Wolke, Willi: Das Werden und Vergehen des Neuwerkgartens in: Beiträge zur Schleswiger Stadtgeschichte 7, 1962, S. 55–66.
Zubek, Paul: Otto Jageteuffel. Ein Gottorfer Hofkünstler des 17. Jahrhunderts, in: Nordelbingen 59, 1990.

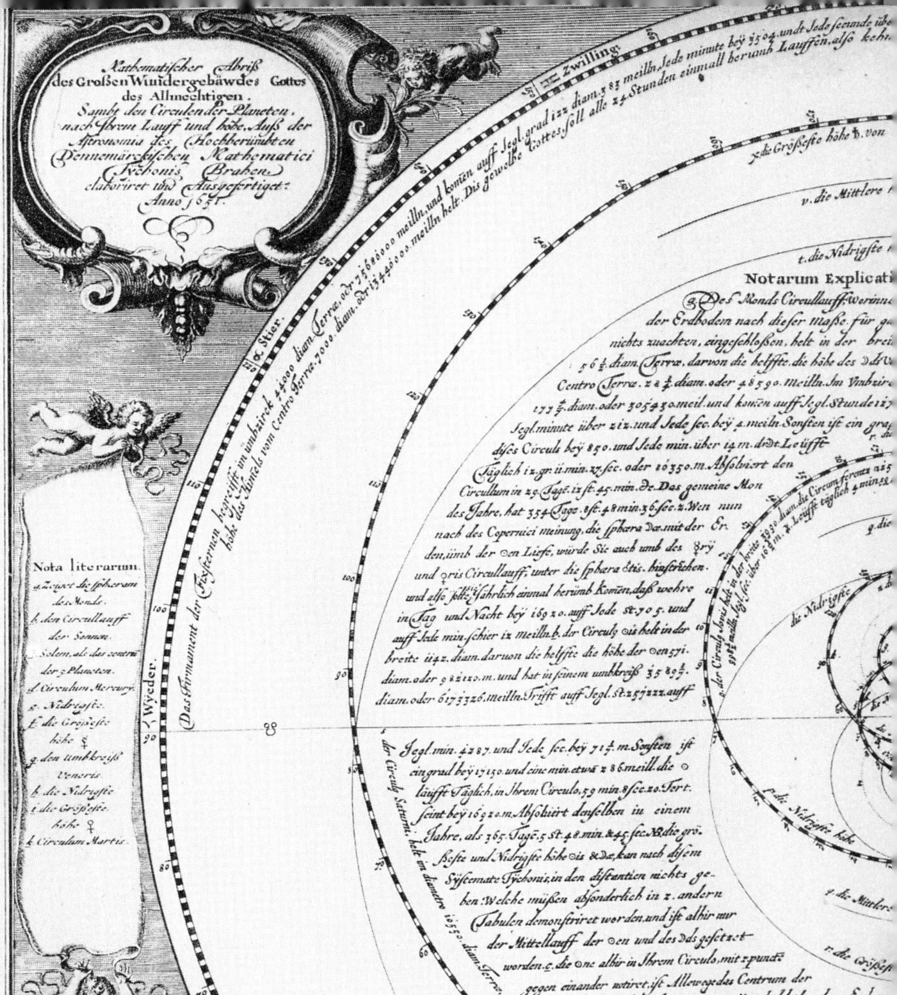

Mathematischer Abriß
des Großen Wundergebäwdes Gottes des Allmächtigen.
Sambt den Circuln der Planeten, nach Ihrem Lauff und höhe. Auß der Astronomia des Hochberühmten Dennemarckischen Mathematici Tychonis Brahen elaboriret und Ausgefertiget Anno 1651.

Nota literarum.
a. Zeiget die höhe am des Mondes.
b. den Circullauff der Sonnen.
c. Item, als das centrum der 5 Planeten.
d. Circulum Mercurÿ.
e. Nidrigste.
f. die Größeste höhe ☿
g. den umbkreiß Veneris.
h. die Nidrigste.
i. die Größeste höhe ♀
k. Circulum Martis.

Notarum Explicati[o]
3. Des Monds Circullauff wer[...] der Erdboden nach dieser Masse für ga[...] nichts zurechnen, eingeschlossen, helt in der brei[te] 56 ¼ diam. Terræ, darvon die helffte, die höhe des ☽ vo[m] Centro Terræ, z 2 ⅛ diam. oder 28590. meilln. Im Umbkr[eiß] 172 ⅞ diam. oder 90§420 meil. und komen auff Iegl. Stunde 17[...] Iegl. minute über 212. und Iede sec. bey 4. meilln. Sonsten ist ein gra[d] dises Circuls bey 850. und jede min. über 14 m. Die Lauffe Täglich 12. gr. 11 min. 27. sec. oder 10350. m. Absolviert den Circullum in 29. Tag. 12 st. 45. min. Sc. Das gemeine Mon[d] des Jahres, hat 354. Tag. 18st. 4 min. 36. sec. z. Wen nun nach des Copernici meinung, die sphæra des ☽ mit der Er[d] den, umb der ☉ Lieffe, wurde Sie auch mit der gr[ö] und oris Circullauff, unter die sphæra ♅ tis hinsincken und also sollt. jährlich einmall herumb komen, dass wehre in Tag und Nacht bey 1632 m. auff iede ⅛. 70 §. und auff iede min. schier 12. meilln. k. der Circul ♂ ⅚ helt in der breite 142. diam. darvon die helffte, die höhe der ☉ 71. diam. oder 92120. m. und hat in seinem umbkreiß 35 304 diam. oder 617§326. meilln. Trifft auff Iegl. St. 25§322. auff Iegl min. 4287. und iede sec. bey 714 m. Sonsten ist ein grad bey 7150. und eine min. etwa 2§ 86 meill. die Lauffe Täglich, in Ihrem Circula, 39. min. 8. sec. 10. Sext. seint bey 16920 m. Absolviert denselben in einem Jahre, als 365. Tag. 5. St. 48 min. 24§ sec. Die grö[s]ßeste und Nidrigste höhe 000 und 00 a. kan nach disem Systemate Tychonis, in den distantien nichts ge= ben. Welche müssen absonderlich in 2. andern Tabulen demonstriret werden, und ist albir nur der Mittellauff der ☉ und des ♂ds gesetzt worden. c. die ☉ne albir in Ihrem Circula, mit 2 punct[en] gegeneinander notiret, ist Allewege das Centrum der 5 Planeten, aber das Centrum Mundi bleibt der Erd= boden, d. der Circul ☿ helt in der breite 403 diam. und im zirkel 1285§ diam seint 22106§0 m. Ieder grad dieses Cir[culs] seint 2. diam. §. § 2. meilln. und iede miv. 103. m. §. [...] Täglich 3 grad. § 8 min. seint bey 13101. m. un[d] solviret seinen Circul in 115. Tagen und [...] de. die Nidrigste § 0 00 § [...] meilln. und komen Auff Iegl. §[...] 23. Sabr. ist 4 [...]

Gloria Ductus Paratur

Illmo: Excellmo: Nobiliss: Dno Tychonis
Domino Brahe Dano Imprii Fidi Roman: Imperat:
Rudolphi II Mathematico & Astronomo &c.